tillie olsen

Ich steh
hier und
bügle

Storys

Aus dem Amerikanischen übersetzt
von Adelheid Dormagen und Jürgen Dormagen

Mit einem Nachwort
von Jürgen Dormagen

aufbau

Die Originalausgabe unter dem Titel
Tell Me a Riddle
erschien 1961 bei J. B. Lippincott & Co., Philadelphia.

Textgrundlage dieses Bandes ist die verbindliche Ausgabe der
University of Nebraska Press, erschienen 2013 unter dem Titel
Tell Me a Riddle, Requa I, and other Works.

ISBN 978-3-351-03982-0

Aufbau ist eine Marke der Aufbau Verlage GmbH & Co. KG

1. Auflage 2022
© Aufbau Verlage GmbH & Co. KG, Berlin 2022
Copyright © 2013 by the Board of Regents of the University of Nebraska
Einbandgestaltung U1berlin, Patrizia Di Stefano
Satz Greiner & Reichel, Köln
Druck und Binden CPI books GmbH, Leck, Germany
Printed in Germany

www.aufbau-verlage.de

tillie olsen

Ich steh hier und bügle

 aufbau

Tillie Olsen (1912–2007)   Foto: Tillie Olsen Estate

Inhalt

Ich steh hier und bügle

Ich steh hier und bügle, und was Sie von mir hören wollen, gleitet gequält mit dem Bügeleisen hin und her.

»Schön wär's, Sie fänden die Zeit, vorbeizukommen und mit mir über Ihre Tochter zu sprechen. Bestimmt können Sie mir helfen, sie zu verstehen. Sie ist eine Jugendliche, die Hilfe braucht, und mir liegt sehr daran, ihr zu helfen.«

»Die Hilfe braucht ...« Selbst wenn ich vorbeikäme, was würde das bringen? Sie glauben, weil ich ihre Mutter bin, hätte ich einen Schlüssel oder Sie könnten mich als eine Art Schlüssel benutzen? Sie lebt seit neunzehn Jahren dieses Leben. So viel Leben, das sich fern von mir abgespielt hat, jenseits von mir.

Wann bleibt da Zeit, sich zu erinnern, zu sichten, zu prüfen, abzuwägen, ein Fazit zu ziehen? Ich lege los, und es gibt eine Unterbrechung, und ich muss wieder von vorne beginnen. Oder ich verheddere mich in all dem, was ich getan oder nicht getan habe oder was hätte sein sollen und was sich nicht ändern ließ.

Sie war ein schönes Baby. Das erste und einzige von unseren fünfen, das bei der Geburt schön war. Sie ahnen nicht, wie unbehaglich sie sich in der ihr neu zugewachsenen Lieblichkeit fühlt. Sie haben sie all die Jahre nicht gekannt, als man sie für unscheinbar hielt, und nicht gesehen, wie sie über ihren Babyfotos brütete und mich drängte, ihr wieder und wieder zu versichern, wie schön sie gewesen war – und es sein würde, wie ich ihr sagte – und es jetzt schon war für das sehende Auge. Doch sehende Augen gab es wenig, meist gar nicht. Meine inbegriffen.

Ich habe sie gestillt. Man glaubt ja heutzutage, das wäre wichtig. Ich habe alle meine Kinder gestillt, bei ihr habe ich allerdings mit der ganzen Rigidität der ersten Mutterschaft das getan, was die Bücher damals forderten. Auch wenn ihre Schreie mich attackierten, bis ich zitterte, und meine geschwollenen Brüste schmerzten, ließ ich die Uhr den Takt angeben.

Warum komme ich damit als Erstes? Ich weiß nicht einmal, ob es eine Rolle spielt oder irgendetwas erklärt.

Sie war ein schönes Baby. Sie machte schillernde Seifenblasen aus Lauten. Sie liebte Bewegung, liebte Licht, liebte Farbe und Stoffe. Sie lag in ihrem blauen Strampler auf dem Fußboden und patschte vor Wonne so rasend schnell darauf herum, dass Hände und Füße verschwammen. Sie war ein Wunder für mich, aber mit acht Monaten musste ich sie tagsüber der Frau einen Stock tiefer überlassen, für die sie überhaupt kein Wunder war, ich arbeitete nämlich oder suchte nach Arbeit und nach Emilys Vater, der es »nicht länger ertragen konnte« (schrieb er in seinem Abschiedsbrief), »die Armut mit uns zu teilen«.

Ich war neunzehn. Es war die Welt der Depression, noch vor der staatlichen Fürsorge, vor den Arbeitsbeschaffungsmaßnahmen. Ich begann schon zu rennen, sobald ich aus der Straßenbahn heraus war, rannte die Treppe hoch im säuerlich riechenden Haus, und wach oder aus dem Schlaf aufschreckend, wenn sie mich sah, brach sie in krampfhaftes Weinen aus, das sich nicht beruhigen ließ, ein Weinen, das ich noch heute im Ohr habe.

Nach einer Weile fand ich einen Job als Bedienung nachts in einem Lokal, so dass ich am Tag mit ihr zusammen sein konnte, und es wurde besser. Schließlich musste ich sie aber zu seiner Familie bringen und sie verlassen.

Es brauchte lange Zeit, um das Geld für ihre Rückfahrt aufzubringen. Dann bekam sie Windpocken, und ich musste noch länger warten. Als sie endlich da war, erkannte ich sie kaum, sie bewegte sich rasch und nervös wie ihr Vater, sah wie ihr Vater aus, dünn und in schäbiges Rot gekleidet, das ihre Haut gelb machte und die Pockennarben hervorhob. Aller Babycharme verflogen.

Sie war zwei. Alt genug für den Kindergarten, hieß es, und ich wusste damals nicht, was ich jetzt weiß – die Erschöpfung eines langen Tages und die Wunden vom Gruppenleben in der Art von Tagesstätten, die nur ein Abstellplatz für Kinder sind.

Bloß dass es keinen Unterschied gemacht hätte, wenn ich es gewusst hätte. Er war der einzig mögliche Platz. Die einzige Möglichkeit, dass wir zusammen sein konnten, die einzige Möglichkeit für mich, einen Job zu behalten.

Und selbst ohne zu wissen, wusste ich es. Ich kannte die Erzieherin, die böse war, denn in all den Jahren hat es sich in mein Gedächtnis eingenistet, der kleine in der Ecke kauernde Junge, ihr Schnarren: »Warum bist du nicht draußen, etwa weil Alvin dich haut? Ist doch kein Grund, geh raus, du Angsthase.« Ich wusste, für Emily war es schlimm, auch wenn sie nicht klammerte und flehte: »Geh nicht, Mommy«, wie die anderen Kinder morgens.

Sie fand immer einen Grund, warum wir zu Hause bleiben sollten. Momma, du siehst krank aus. Momma, mir ist schlecht. Momma, die Tanten sind heute nicht da, die sind krank. Momma, wir können nicht hin, da war letzte Nacht ein Feuer. Momma, heute ist Feiertag, kein Kindergarten, haben die gesagt.

Aber nie direkter Protest, nie Auflehnung. Ich denke an unsere anderen Kinder im Alter von drei, vier Jahren – an Ausbrüche, Wutanfälle, Angriffe, Forderungen –, und ich fühle mich auf einmal elend. Ich stelle das Bügeleisen ab. Was in mir hat dieses Gutsein in ihr gefordert? Und was war der Preis, ihr Preis für solches Gutsein?

Der alte Mann, der hinten wohnt, hat einmal auf seine behutsame Art gesagt: »Sie sollten Emily mehr anlächeln, wenn Sie sie anschauen.« Was *war* denn in meinem Gesicht, wenn ich sie anschaute? Ich liebte sie. Die tätige Liebe war doch da.

Erst bei den anderen Kindern erinnerte ich mich an seine Worte, und es war das Gesicht der Freude und nicht des Kummers, der Anspannung oder Sorge, das ich ihnen zeigte – zu spät für Emily. Sie lächelt nicht leichthin, erst recht nicht immerzu wie ihre Geschwister. Ihr Gesicht ist verschlossen und düster, aber wenn sie es will, so beweglich. Sie müssen es bei ihren Pantomimen bemerkt haben, Sie erwähnten ihr seltenes Talent fürs Komödiantische auf der Bühne, das beim Publikum ein so herzhaftes Lachen auslöst, dass es applaudiert und applaudiert und sie nicht gehen lassen will.

Woher kommt dieses Komödiantische? Sie hatte nichts davon, als sie das zweite Mal zu mir zurückkam, nachdem ich sie wieder hatte fortschicken müssen. Jetzt war ein neuer Daddy da, den sie lieben lernen konnte, und vielleicht war es ja eine bessere Zeit.

Außer wenn wir sie nachts allein ließen und uns einredeten, sie sei alt genug.

»Könnt ihr nicht ein anderes Mal weggehen, Mommy, zum Beispiel morgen?«, fragte sie. »Dauert es bloß ein Weilchen, wenn ihr weg seid? Versprichst du's mir?«

Als wir zurückkamen, stand die Eingangstür offen, der Wecker lag auf dem Boden im Flur. Sie hellwach. »Es war nicht bloß ein Weilchen. Ich hab nicht geweint. Dreimal hab ich euch gerufen, nur dreimal, dann bin ich runtergelaufen und hab die Tür aufgemacht, damit ihr schneller kommt. Der Wecker hat so laut geredet, ich hab ihn weggeworfen, mir hat Angst gemacht, was er geredet hat.«

Auch als ich für die Geburt von Susan ins Krankenhaus musste, sagte sie, der Wecker hätte in der Nacht wieder so laut geredet. Sie hatte das hohe Fieber, das vor dem Ausbruch von Masern kommt, aber sie war die ganze Woche während meiner Abwesenheit bei vollem Bewusstsein und auch die Woche danach, als wir zu Hause waren und sie sich weder dem Baby noch mir nähern durfte.

Sie wurde nicht gesund. Sie blieb spindeldürr, wollte nicht essen und hatte Nacht für Nacht Alpträume. Sie rief ständig nach mir, und ich raffte mich aus meiner Erschöpfung auf und rief schläfrig zurück: »Ist alles in Ordnung, Liebling, schlaf wieder ein, ist nur ein Traum«, und wenn sie immer noch rief, mit strengerer Stimme: »Schlaf jetzt, Emily, da ist nichts, wovor du dich fürchten musst.« Zweimal, nur zwei Mal, als ich sowieso wegen Susan aufstehen musste, bin ich in ihr Zimmer gegangen und habe mich zu ihr gesetzt.

Und nun, wo es zu spät ist (als ob sie zulassen würde, dass ich sie umarme und tröste wie die anderen), stehe ich sofort auf und gehe zu ihr, wenn sie stöhnt oder sich unruhig im Bett wälzt. »Bist du wach, Emily? Kann ich dir etwas bringen?« Und die Antwort ist immer die gleiche: »Nein, alles in Ordnung, geh wieder schlafen, Mutter.«

In der Klinik wurde ich überredet, sie in ein Erholungsheim auf dem Land zu verschicken, wo »sie das Essen und die Betreuung erhält, die Sie für sie nicht aufbringen können, und Sie werden die Zeit haben, sich voll und ganz auf das neue Baby zu konzentrieren«. Sie schicken noch immer Kinder dorthin. Auf Fotos in der Zeitung sehe ich gepflegte junge Frauen Veranstaltungen organisieren, um Geld dafür zu sammeln, oder wie sie auf diesen Veranstaltungen tanzen oder Ostereier bemalen oder Weihnachtsstrümpfe für die Kinder füllen.

Sie zeigen nie ein Bild von den Kindern, und so weiß ich nicht, ob die Mädchen immer noch diese gigantischen roten Schleifen und die entgeisterten Mienen haben an jedem zweiten Sonntag, wenn die Eltern zu Besuch kommen können, es sei denn, sie wurden »anderslautend benachrichtigt« – so wie wir in den ersten sechs Wochen.

O ja, es ist ein hübscher Ort, grüner Rasen und hohe Bäume und geschwungene Blumenbeete. Oben, hoch auf den Balkons jedes Häuschens, stehen die Kinder, die Mädchen mit ihren roten Schleifen und weißen Kleidern, die Jungen in weißen Anzügen und mit riesigen roten Krawatten. Die Eltern stehen unten und schreien nach oben, um gehört zu werden, und die Kinder schreien nach unten, um gehört zu werden, und zwischen ihnen die unsichtbare Mauer: »Kontamination durch elterliche Bazillen oder körperliche Zuwendung – Kontakt verboten«.

Es gab dort ein sehr kleines Mädchen, das immer Hand in Hand mit Emily dastand. Ihre Eltern kamen nie. Bei einem unserer Besuche war sie verschwunden. »Man hat sie ins Rose Cottage verlegt«, rief Emily zur Erklärung. »Sie wollen nicht, wenn du hier jemand lieb hast.«

Sie schrieb einmal in der Woche, die mühseligen Zeilen einer Siebenjährigen. »Mir geht es gut. Was macht das Baby. Wenn ich meinen Brif schöhn schreibe kriege ich ein Sternchen. Alles Liebe.« Nie gab's ein Sternchen. Wir schrieben jeden zweiten Tag, Briefe, die sie nie in der Hand halten oder aufbewahren durfte, sondern nur vorgelesen bekam – ein einziges Mal. »Wir haben einfach nicht genug Platz für irgendwelche persönlichen Dinge der Kinder«, erklärten sie geduldig, als wir an einem Sonntag das ganze Geschrei zu dem Appell zusammenfassten, es würde Emily ungeheuer viel bedeuten, dürfte sie ihre Briefe und Postkarten behalten, denn sie liebte es, Dinge aufzubewahren.

Bei jedem Besuch sah sie zerbrechlicher aus. »Sie isst nicht«, ließ man uns wissen.

(Es gab glibberige Eier zum Frühstück oder Brei mit Klumpen, erzählte Emily später, ich hab's im Mund behalten und nicht runtergeschluckt. Einfach nichts hat lecker geschmeckt, nur wenn es Hühnchen gab.)

Wir haben acht Monate gebraucht, bis sie nach Hause entlassen wurde, und nur der Umstand, dass sie so wenig von ihren verlorenen drei Kilo zurückgewonnen hatte, überzeugte die Sozialarbeiterin.

Ich versuchte, sie in die Arme zu nehmen und mit ihr zu schmusen, als sie wieder daheim war, aber ihr Körper wurde steif, und nach einer Weile entzog sie sich ganz. Sie aß wenig. Essen widerte sie an, und ich glaube, auch vieles andere im Leben. O ja, sie war körperlich gewandt und strahlend, wie sie da glitzernd auf Schlittschuhen vorbeisauste, über dem Springseil wie ein Ball auf und ab hüpfte und den Hügel nur so hinaufflitzte; aber das waren bloß Momente.

Sie haderte mit ihrem Äußeren, dünn und dunkel und fremdländisch aussehend zu einer Zeit, als jedes kleine Mädchen aussehen wollte – oder dachte, es müsste so aussehen – wie eine pausbäckige blonde Kopie von Shirley Temple. Manchmal klingelte es für sie an der Tür, aber niemand schien hereinkommen zu wollen, um mit ihr zu spielen oder beste Freundin zu sein. Vielleicht weil wir so oft umzogen.

Da war ein Junge, den sie ein ganzes Schuljahr hindurch schmerzlich liebte. Monate später gestand sie mir, dass sie Kleingeld aus meiner Handtasche genommen hatte, um ihm Süßes zu kaufen. »Lakritze mochte er am allerliebsten. Ich hab sie ihm jeden Tag gekauft, und trotzdem war er lieber mit Jennifer zusammen. Warum, Mommy?« Die Art von Frage, auf die es keine Antwort gibt.

Die Schule ängstigte sie. Sie war weder redegewandt noch schnell in einer Welt, in der Redegewandtheit und Schnelligkeit leicht mit Lernfähigkeit verwechselt werden. Ihren entnervten und gestressten Lehrern galt sie als übereifrige »Lernschwache«, die immer versuchte aufzuholen und dabei entschieden zu oft fehlte.

Ich ließ sie fehlen, auch wenn sie manchmal nur in ihrer Einbildung krank war. Wie gegensätzlich dazu meine jetzige Strenge, was die Schuldisziplin der anderen betrifft. Zu der Zeit arbeitete ich nicht. Wir hatten ein neues Baby, da war ich sowieso zu Hause. Manchmal, als Susan alt genug war, hielt ich auch sie von der Schule fern, um sie alle beisammen zu haben.

Meistens hatte Emily Asthma, und ihr Atem, angestrengt pfeifend, füllte das Haus mit einem seltsam ruhigen Geräusch. Ich holte die beiden alten Kommodenspiegel und die Schachteln mit ihren Sammlungen an ihr Bett. Sie entnahm Glasperlen und einzelne Ohrringe, Glasstopfen und Muscheln, getrocknete Blumen und Kieselsteine, alte Ansichtskarten und Papierschnipsel, allerlei Kram; dann spielten sie und Susan Königreich, arrangierten Landschaften und stellten Hausrat hinein, wozu sie sich eine Handlung ausdachten.

Das waren die einzigen Zeiten einträchtiger Kameradschaft zwischen ihr und Susan. Ich habe mich weggeduckt vor diesem vergifteten Gefühl zwischen ihnen, diesem heillosen Ausgleichen von Kränkungen und Bedürfnissen, das mir als Aufgabe zufiel und das mir in diesen früheren Jahren so wenig gelang.

Ja, es gibt Konflikte auch zwischen den anderen Kindern, jedes ein Mensch, bedürftig, fordernd, verletzend und besitzergreifend – doch nur zwischen Emily und Susan, nein, von Emily gegenüber Susan diese erbitterte Feindseligkeit. Nach außen hin scheint es so naheliegend, doch das ist es nicht. Susan, das zweite Kind, Susan, goldlockig und pausbäckig, lebhaft und wortgewandt und selbstsicher, in Aussehen und Verhalten all das, was Emily nicht war; Susan, die Emilys kostbaren Sächelchen nicht widerstehen konnte, sie manchmal verlor oder aus Tollpatschigkeit zerbrach; Susan, die in Gesellschaft Witze und Rätsel erzählte, um Beifall zu erhaschen, während Emily schweigend dasaß (um mir später zu sagen: das war *mein* Rätsel, Mutter, ich habe es Susan erzählt); Susan, die bei dem Altersunterschied von fünf Jahren bloß ein Jahr in der körperlichen Entwicklung hinter Emily zurück war.

Ich bin froh über diese langsame körperliche Entwicklung, die den Unterschied zwischen ihr und ihren Altersgenossinnen vergrößerte, auch wenn sie selbst darunter litt. Sie war zu verletzlich für diese schreckliche Welt jugendlicher Konkurrenz, wo man sich hübsch macht und zur Schau stellt, sich ständig mit allen anderen vergleicht, voller Neid: »Hätte ich doch auch kupferfarbenes Haar«, »Hätte ich doch diese Haut«. Sie brütete unentwegt darüber, dass sie nicht wie die anderen aussah, da gab es genug Unsicherheit – sich erst der Worte zu vergewissern, bevor man sie laut sagt, diese ständige Ängstlichkeit: was denken die anderen von mir –, als dass all dies noch durch die mitleidlosen körperlichen Triebe verstärkt werden musste.

Ronnie ruft. Er ist nass, und ich wechsle die Windeln. Selten jetzt noch, so ein Weinen. Diese Zeit der Mutterschaft liegt fast hinter mir, wo die Ohren einem nicht selbst gehören, sondern ständig gespitzt sein müssen, ob ein Kind weint, ein Kind ruft. Wir sitzen eine Weile da, und ich halte ihn, während ich hinaus auf die Stadt schaue, die mit ihren zarten Lichtschneisen wie eine Kohlezeichnung daliegt. »Kuschili«, flüstert er und schmiegt sich enger an mich. Ich trage ihn, eingeschlafen, zurück ins Bettchen. Kuschili. Ein komisches Wort, ein Familienwort, von Emily geerbt, von ihr erfunden, um Zufriedenheit auszudrücken.

Auf diese und andere Weise hinterlässt sie ihren Stempel, sage ich laut. Und erschrecke, als ich es gesagt habe. Was meine ich damit? Was trage ich da zusammen, um möglichst einen Zusammenhang herzustellen? Ich war bei den schrecklichen Jahren des Heranwachsens. Den Kriegsjahren. Ich erinnere mich nicht gut daran. Ich hatte einen Job, mittlerweile gab es vier kleinere Kinder, da blieb keine Zeit für sie. Sie musste mithelfen, musste Mutter sein, Haushälterin und Einkäuferin. Sie musste ihren Stempel aufdrücken. In der Morgenhektik kurz vor der Hysterie versuchen, die Brotdosen fertig zu machen, Haare zu kämmen, Mäntel und Schuhe zu finden, jeden rechtzeitig zur Schule oder in den Kindergarten zu lotsen, das Baby transportfertig zu bekommen. Und immer das Schulheft bekritzelt von einem der Kleineren, das Buch von Susan angeschaut, dann verlegt, unerledigte Hausaufgaben. Rausrennen zu der riesigen Schule, wo sie eine von vielen war, eine Verlorene, ein Tropfen im Meer; Qualen leidend, dass sie unvorbereitet war für den Unterricht, stotternd und unsicher.

Es blieb abends so wenig Zeit, nachdem die Kleinen ins Bett gebracht waren. Sie schwitzte über den Büchern, wobei sie ununterbrochen aß (in jenen Jahren entwickelte sie ihren enormen Appetit, der in unserer Familie legendär ist), und ich bügelte oder bereitete das Essen für den nächsten Tag vor oder schrieb Feldpostbriefe an Bill oder kümmerte mich ums Baby. Um mich zum Lachen zu bringen oder aus ihrer Verzweiflung heraus, ahmte sie manchmal Geschehnisse oder bestimmte Leute von der Schule nach.

Ich glaube, einmal schlug ich vor: »Warum machst du nicht etwas Ähnliches bei der Talentshow der Schule?« Eines Morgens rief sie mich auf der Arbeit an, kaum verständlich vor Schluchzen: »Mutter, ich hab's gemacht. Ich hab gewonnen, ich hab gewonnen; sie haben mir den ersten Preis gegeben und haben geklatscht und geklatscht und wollten mich nicht gehen lassen.«

Jetzt auf einmal war sie jemand und ebenso gefangen in ihrem Anderssein wie vorher in ihrer Anonymität.

Man bat sie nun mehr und mehr, in anderen Highschools aufzutreten, selbst in Colleges, dann bei Veranstaltungen in der Stadt und landesweit. Bei der ersten, zu der wir gingen, erkannte ich sie nur im allerersten Augenblick, als sie, dünn, schüchtern, fast in den Bühnenvorhängen ertrank. Und dann: War das Emily? Die Kontrolle, die Beherrschung, die grimassierende und unglaublich präzise Clownerie, der Zauber, dann das johlende und trampelnde Publikum, unwillig, dieses seltene und kostbare Lachen wieder aus ihrem Leben zu entlassen.

Danach: Sie sollte etwas daraus machen, bei so einem Talent – aber ohne Geld und ohne zu wissen, wie … was kann man da für sie tun? Wir haben das alles ihr überlassen, und das Talent brodelte genauso oft dickflüssig, klumpig in ihrem Innern, wie es genutzt wurde und sich entwickeln konnte.

Gerade kommt sie. Sie rennt die Treppe hoch, zwei Stufen gleichzeitig mit leichtem, anmutigem Schritt, und ich weiß, sie ist heute Abend glücklich. Was immer Ihren Anruf ausgelöst hat, heute ist es nicht passiert.

»Hörst du denn nie mal mit dem Bügeln auf, Mutter? Whistler hat seine Mutter im Schaukelstuhl sitzend gemalt. Ich müsste meine über ein Bügelbrett gebeugt malen.« Heute ist einer ihrer mitteilsamen Abende, und sie erzählt mir alles Mögliche, während sie sich einen Teller mit Essen aus dem Kühlschrank zubereitet.

Sie ist so reizend. Warum wollten Sie überhaupt, dass ich bei Ihnen vorbeischaue? Was hat Sie beunruhigt? Sie wird ihren Weg finden.

Sie geht die Treppe hoch zum Schlafen. »Mich musst du morgen früh nicht mit den anderen wecken.« »Aber ich hab gedacht, du hättest Zwischenprüfungen.« »Ach die«, sie kommt wieder zurück, gibt mir einen Kuss und sagt leichthin, »in ein paar Jahren, wenn uns alle das Atom holt, kräht kein Hahn danach.«

Das hat sie auch schon früher gesagt. Sie *glaubt* daran. Aber weil ich mich durch die Vergangenheit gequält habe und alles, was einen Menschen ausmacht, für mich folgenschwer und bedeutungsvoll ist, kann ich das heute Abend nicht ertragen.

Ich werde aus alldem nie ein Fazit ziehen. Ich werde nie bei Ihnen vorbeischauen und sagen: Sie war ein Kind, das selten angelächelt wurde. Ihr Vater hat mich verlassen, als sie kein Jahr alt war. Ich musste in ihren ersten sechs Jahren arbeiten, wenn es denn Arbeit gab, oder ich schickte sie zu ihm und seinen Verwandten. Es kamen Jahre, wo sie die Tagesstätte einfach hasste. Sie war dunkelhaarig und dünn und sah fremdländisch aus in einer Welt, in der nur Blondheit und Locken und Grübchen etwas galten; sie war langsam, wo man Zungenfertigkeit schätzte. Sie war ein Kind von ängstlicher, nicht stolzer Liebe. Wir waren arm und konnten ihr nicht den Boden für ein leichtes Heranwachsen bieten. Ich war eine junge Mutter, ich war eine abgelenkte Mutter. Da waren die anderen Kinder, die nach oben drängten, fordernd. Ihre jüngere Schwester war anscheinend alles, was sie nicht war. Es gab Jahre, wo ich sie nicht berühren durfte. Sie bewahrte zu viel in ihrem Herzen, ihr Leben war so, dass sie zu viel in ihrem Herzen bewahren musste. Meine Weisheit kam zu spät. Es steckt eine Menge in ihr, und wahrscheinlich entsteht nur wenig daraus. Sie ist ein Kind ihrer Zeit, der Depression, des Krieges, der Angst.

Lasst sie in Ruhe. Alles, was in ihr stecken mag, wird also nicht erblühen – aber bei wie vielen gelingt das schon? Es bleibt noch genug, um davon zu leben. Nur helft ihr zu erkennen – macht dabei mit, dass es Grund für sie gibt zu erkennen –, dass sie mehr ist als dieses Kleid auf dem Bügelbrett, hilflos dem Bügeleisen ausgeliefert.

1953/54

He, Seemann, wohin die Fahrt?

1

Das schmuddelige Licht; der verklumpte Geruch von vor langer Zeit gerauchten Zigaretten und vor langer Zeit getrunkenem Alkohol; die prahlerischen, fluchenden, schmeichelnden, kriecherischen Stimmen und das schmierige Gefühl auf dem Tresen, als er nach seinem Glas tastet.

He, Seemann, wohin die Fahrt?

Sein Gesicht breit glänzend im rauchigen Spiegel. Geädert, mahlender Kiefer. Was soll 'n die Scheißruhe hier? Macht mal die Jukebox an. (*Lennie und Helen und die Kids.*) Wie spät isses überhaupt? Muss ...

Muss irgendwas. Wache stehn? Nein, bin da letzte Nacht nicht angetanzt, werd heute nicht antanzen, ich hau ab. Laut: Fahr zur Hölle, Schiff. Irgendwelche Freunde, Schiff?, ab in die Hölle mit denen. Stimmt doch, Deeck? Und er dreht sich, Zustimmung suchend, zu Deeck um, aber Deeck ist weg. Wo is Deeck? Du gibst ihm fünf Dollar, und er verjuxt sie.

Na, sagt ein Namenloser, du bist blau. Wie wär's mit einem Dollar?

'n Dollar. Is man nich allein. Aber der is auch weg.

Und er wühlt in seinen Taschen, um zu sehen, wie viel er noch hat.

Rechte Brusttasche, ein knittriger Fünfer. Linke Hosentasche, drei, nein, vier zerknüllte Einer. Linke Jackentasche, Pfandschein, Manila; Kärtchen »In Managua immer gleich zu *Marie's Pension*«; Gewerkschaftsausweis; weiterer Ausweiskram; Heuerschein; zwei Einer, ein Fünfer, sauber gefalzt. Rechte Hosentasche, Klimpergeld. Siebzehn Dollar. Und die Hände zittern.

Wo ist das alles hin?, und er schlingert durch die Vergangenheit. Gestern hundertfünfzig abgeholt. Nein, vorgestern, vielleicht noch einen Tag davor. Sieben für eine Flasche beim Einlösen des Schecks, zwanzig an Blackie, dreiunddreißig zurück an Goldballs, Taxi nach Frisco, achtunddreißig, neununddreißig für Jackett und Latschen (neues Jackett, neue Latschen, bisschen hübsch machen für Lennie und Helen und die Kids), vierundzwanzig für beschissene Beiträge und zehn Dollar Strafe. Blöde Strafe …

He, zum Barkeeper, noch einen. Und er kippt ihn runter, pronto. Zwanzig und sieben und dreiunddreißig und neununddreißig. Zehndollarstrafe und fünf an Frenchy in der Gewerkschaftshalle und die ganze Nacht mit Johnson saufen, weiß nicht, wie viel, und auf dem Weg zum Zahlmeister …

Der ZAHLmeister. Rausgebrüllt in wütender Nachahmung, mit so 'nem Schwedenakzent, zu niemandem, niemandem: Was denkst du dir? Kannst nicht mehr unterschreiben und willst von uns den Scheck? Zu besoffen, um zu unterschreiben, sagt er, kein Scheck.

Nur noch siebzehn Dollar. He, zum Barkeeper, kannssu mir nich 'n Fuffi vorstrecken? Über die Theke gekrümmt, kumpelhaft, sieht er die Flaschen in der Tiefe glitzern. Siehst du?, und er durchwühlt seine Taschen nach der Gutschrift: Oberfähnrich zur See Michael Jackson, das bin ich, fünfhundert siebenswanzig und elf Cent. Kennst mich nicht? Bin schon den ganzen Abend hier, den ganzen Tag. Bell kennt mich. Hol Bell. Dreiunswanzig Jahre trinke ich hier schon, jedes Mal, wenn ich in Frisco bin. Frag Bell.

Aber Bell hat verkauft. Vergessen, vergessen. Hat sein Zeug gepackt und ist ab nach Petaluma, Hühner züchten. Ach zur Hölle mit dir. Irgendwelche Freunde?, ab in die Hölle mit denen. Geh ich eben ins Pearl's. *(Nicht zu Lennie und Helen und den Kids?)* Mal sehn, was sich da tut. Genug Schotter für die Knirpse hab ich. Aber das ist nur eine Vorstellung, nichts Körperliches. Erst muss eine Flasche her. Und er wartet auf das gute Gefühl, das da sein sollte, aber da ist keins, nur eine lauernde Übelkeit.

Die Notleuchte gallegrün im Regen. Regen und die Straßen vollgestopft mit Autos, Von-der-Arbeit-Autos. Die können mich alle mal. Er geht los. Ein einziges Quietschen. Den ganzen Block lang alle voll auf die Bremse. M. Norbert Jacklebaum bringt sie alle zum Halt; ohne Schadenfreude gesagt. Auf zu Pearl's. Aber da ruft jemand. Whitey, Whitey, steig ein, du Penner. Muss Lennie sein, ein verschlissenes Abbild von Lennie, so verändert, dass er einsteigt, aber keine Fragen stellt oder beantwortet. (Bist du auf einem Schiff oder an Land? Wie lang war die Tour? Bist du krank, Mann, oder einfach besoffen? Nur drei oder vier Tage, und du bist in so einem Zustand? *Nein,* ich halte nicht, um eine Flasche oder Geschenke zu kaufen.)

Er sitzt nur da, während die Übelkeit tief drinnen kauert, bereit loszuspringen, und im Kopf verheddert es

sich, *Lennie und Helen und die Kids besuchen, keine Ge-*
schenke für sie, und sauübel is mir auch.

He, Seemann, wohin die Fahrt?

2

Und so kommt er doch noch hin, vier Tage und
für alles andere zu spät. Ein altes Haus mit Spitzdach auf
einem Hügel, und er hat es sich wieder und wieder vor-
gestellt und betreten, an tausend verschiedenen Orten
tausend verschiedene Male: auf Wache oder beim Essen-
fassen, in seiner Koje liegend oder beim Schwatz mit den
Kumpels; irgendwo auf dem Gehweg übernachtend oder in
Einfahrten, in Absteigen oder Gefängnissen; schweigend
bei einem Gewerkschaftstreffen oder wartend, wo man
warten muss, oder beim Zuhören der Come-to-Jesus-Jungs.
Unzählige Stufen, er schafft es kaum bis oben. Helen
(Helen? so … grau?), Carol, Allie branden auf ihn zu. Fie-
berhaftes Umarmen und Küssen. War auch Zeit, kreischt
Carol wieder und wieder. War auch Zeit.
Wer ist wirklich und wer nicht? Jeannie, plötzlich größer
als Helen, steht bloß da und kuckt. Ich bin jetzt in der ersten Klasse, schreit Allie, jetzt kannst du mein Puppenbett-
chen wieder heilmachen, Whitey, das ist kaputt.
Du hast Glück! Wir haben Eintopf da, zwar aus dem
Dampftopf, aber jedenfalls dein Lieblingsessen. Seit wann
hast du nichts mehr gegessen? Und Helen sieht ihn an,
küsst ihn wieder und fängt an zu weinen.

Mutter!, sagt Jeannie streng und lotst sie in die Küche.

Was is mit Helen? Sieht mich an und fängt an zu heulen.

Sie freut sich, dass du da bist, du Armleuchter.

Was is mit ihr? Sieht gar nicht gut aus.

Du siehst auch nicht gerade gut aus, sagt Lennie grimmig. Setz dich mal lieber.

Mommy sollte aufhören zu arbeiten, bringt Carol vor, sie ist müde. Die ganze Zeit.

Wirbel mich rum, wie du es immer machst, Whitey. Rumwirbeln, bettelt Allie.

Wohin bist du diesmal gefahren, Whitey, fragt Carol. Du wolltest mir doch Briefmarken für meine Sammlung schicken. Warum warst du Weihnachten nicht da? Hilfst du mir, ein Puppentheater zu bauen?

Jetzt mal Schluss, Kinder, nicht so viele Fragen, befiehlt Lennie und geht nach oben, um sich zu waschen. Whitey muss es langsam angehen lassen. Wir hören das alles noch nach dem Essen.

Deine Schuhe glänzen, sagt Allie. Becky in meiner Klasse hat auch neue, Mary-Jane-Schuhe, aber die sind flauschig. Und sie kniet sich hin und tätschelt seine Schuhe.

Wusste nicht mehr, wie groß das Wohnzimmer ist. (Und ist er wirklich hier?) Carol liest auf dem Boden Comics, den Hintern in der Luft. Allie studiert ihn mit ernstem Gesicht. Du hast da eine neue Wunde im Gesicht, Whitey. Sing uns was vor, oder sag »Krone und Abgrund« auf. Und nach dem Essen, kann ich da auf dir rumhüpfen?

Nicht so viele Fragen, wiederholt Carol.

Whitey will einfach nur hier sitzen … Du solltest in die Küche. Deiner Mutter helfen.

Wütend aus der Küche: Ist mir doch egal. Ich rufe Marilyn an und sag ihr, sie soll nicht kommen; wir können die Hausaufgaben bei ihr machen. Auf keinen Fall riskiere ich, dass sie hierherkommt.

Nicht, Jeannie, pst! Kommt das von ihm oder von Helen? Die Fenster sind blind vom Dampf, dahinter ganz verborgen die Stadt, die Bucht, die Schiffe. Und schon Zeit zum Futtern? Er gibt sich einen Ruck, aber er ist, scheint's, getaumelt und gestürzt, denn die Übelkeit schießt schließlich hoch und frisst ihn auf. Und jetzt sitzt Allie bei ihm. Los, setz dich gerade hin und iss, Whitey, Mommy sagt, du musst was essen; ich esse auch was. Hat sich neben ihn gesetzt, so was von niedlich. Eine Gabel für mich und eine Gabel für dich. Du kleckerst, Whitey – etwas tropft ihm das Kinn runter. Es schmeckt nicht; drinnen in ihm brennt's. Sie plappert, und dann ist der Teller weg, und jetzt funkelt ihm die Stadt zu durch die Fenster. Helen und Lennie sitzen da und jemand, der aussieht wie jemand, den er kennt.

Chris, hilft Lennie ihm auf die Sprünge. Erinnerst du dich an Chris, den Jungen vom Gemüseladen, als wir noch am Aerial Way wohnten? Wir haben doch erzählt, dass er jetzt Doktor ist. Dick, rund und Poppa und strahlt vor sich hin; etwa nicht, Chris?

Einmal wäre ich fast auf deinem Schiff mitgefahren, Whitey. Erinnerst du dich nicht?

(Lange her. Ach ja, ach ja, war aber keine Erlaubnis zu kriegen, und selbst wenn, da hatte ich schon nichts mehr zu sagen.) Laut: Klar erinnere ich mich. Immer noch Lust drauf? Bist du dafür gekommen: um einen Heuerschein zu ergattern?

Ich bin gekommen, um dich zu sehen. Und das war dann auch alles, was er tat, dasitzen und kucken.

Was is? Passt dir nicht, wie ich ausseh? Bin ich zu hübsch geworden, seit du mich zuletzt gesehen hast? Prima neue Nase und alles?

Klar, zu hübsch geworden. Wohin kann ich ihn bringen, Helen?

Du bringst mich nirgendwohin. M. Norbert Jacklebaum ist okay.

Aufstehen musst du sowieso, Whitey, damit ich die Couch herrichten kann. Komm schon, geh nach oben mit Chris. Du hast Glück, ich hab sogar ein sauberes Laken gefunden.

Er lehnt sich wieder auf der Couch zurück, die mageren vernarbten Arme hinterm Kopf zu einem Kissen verschränkt, Muskeln, gedreht wie ein Seil.

Er ist ein lausiger Arzt. Nicht böse gemeint. Gibt mir eine Vitamin-B-Spritze, Schlaftabletten und irgendeinen bekloppten Ratschlag … Menschenskind, er erinnert sich an mich. Dreizehn Jahre, und er erinnert sich noch an mich.

Wie auch nicht, wo sein Vater ihm doch die Hölle heißgemacht hat, weil er über deinen lausigen Geschichten seine Lieferungen vergessen hat. Du warst sein HELD … Magst du das Feuer?

Dein Holz, Whitey, sagt Helen. Immer noch der Stapel, den du vor drei Jahren gehackt hast. Muss aber wieder mal aufgefüllt werden.

Ich steh gleich auf und geh ran … Wofür habt ihr den geholt?

Du hast uns Angst gemacht. Vergiss nicht, bei deinem letzten Mal hier warst du fünf Wochen im Marinehospital.

Wir haben dich so noch nie gesehen, sagt Lennie. Nach einer Fünf-, Sechstagesauftour vielleicht, aber du sagst, es waren nur ein paar Tage. Du warst komplett daneben.

Hab bloß meinen Schlaf nachgeholt, mehr nicht.

Da ist ein neues Bild über der Lampe. Ausgebleichte Hügel, ein frischgepflügtes Feld, rote Pferde und eine Figur im blauen Overall.

Ich krieg demnächst Geld. Mehr als fünfhundert. Wie steht's denn hier so finanziell?

Wir haben zu essen.

Allie sagt, ich soll ihr was reparieren? Oder war's Carol? Die sind ja mächtig … Anderthalb Jahre … Er strengt sich an zu sprechen, die Schlaftabletten haben ihn schon im Griff, und das träge Feuer und der Regen, der wieder eingesetzt hat und die Fenster nicht durchdringen kann. Wie geht's *dir*, Helen? Sie sieht jetzt wieder mehr nach Helen aus.

Halte mich so über Wasser. Sie würde es ihm später sagen. Immer sagte sie es ihm später, wenn er ihr in der Küche half zum Beispiel, und plötzlich kam dann heraus, wie es ihr wirklich ging und was wirklich los war, manchmal Dinge, die sie nicht mal Lennie sagte. Und diesmal, so wie sie aussah, wie Lennie aussah …

Allie ist auf der Treppe: Ich hab schlecht geträumt, Mommy. Darf ich hierbleiben, bis Jeannie kommt und auch ins Bett geht, Mommy? Hier bei Whitey.

Was hast du denn Schlimmes geträumt, Kleines?

Liebevoll legt sie ihm die Arme um den Hals, kuschelt sich an ihn. Ich hatte mich verlauft, flüstert sie und ist auf der Stelle eingeschlafen.

Er schreckt hoch, als hätte er sich verbrannt, und beginnt sofort, ihr weiches Haar zu streicheln, damit sie nicht aufwacht. Es zerstört ihn, löst ihn auf, diese hilflos an ihn geschmiegte Wärme, ein Kind zu spüren – verlorenes Land, ihm unerreichbar.

Klar haben eine Menge Kinder gebettelt, sagt er laut. Das finde ich noch schlimmer.

In Korea?, fragt Len.

In Korea nie an Land gekommen. Yokohama, Cebu, Manila. (Die bettelnden Kinder und die verloren gegangenen, die stehlenden Kinder und die Kinder, die verkauft wurden.) Und er streichelt, streichelt Allies weiches Haar, als könnte das Streicheln sich verfestigen, verdichten zu einem Schutzschild.

Vor Pusan lagen wir sechs Wochen lang. Dreiundvierzig Tage auf diesem Pott, nicht größer als das Haus hier, und sie haben uns nicht an Land gelassen. Dreiundvierzig Tage, Len, und keinen einzigen Tropfen, glaubst du's, Len?

War die meiste Zeit gut drauf, Len, froh, wieder auf Fahrt zu sein, damals nach San Pedro. Dauernd Streit. Jemand sagt, verdammt, ist das kalt, kälter als ein Hurenherz, und jemand mischt sich ein und sagt, kälter als ein Hurenherz?, zum Teufel, warst du je in Kobe und pleite und Kumi hat dir keine fünf Yen gegeben? Und dann geht's los. Beide Seiten.

Len und Helen mögen diese Geschichten. Erzähl noch eine. Noch mal ran.

Ihr müsstet diesen Stover hören. Du fragst ihn, warst du je in England, und er schlägt sich an den Kopf und sagt: War ich je in England, Mannomann, war ich je in England, diese Tommys, die hauen dir Flaschen über den Schädel. Du fragst ihn, warst du je in Marseille, und er schlägt sich an den Kopf und sagt: War ich je in Marseille, Mannomann, war ich je in Marseille, diese Froschfresser, die treten dich mit ihren Nagelschuhen. Du fragst ihn, warst du je in Shanghai, und er sagt: War ich je in Shanghai, war ich je in Shanghai, Mann, die schmeißen dir Geschirr und Stühle an den Kopf. Egal wonach du fragst, immer eine andere Art Prügel.

Da war dieser Junge an Bord, Howie Adams. Sollte den mal mitbringen hierher. Hab ihm von euch erzählt. Die besten Menschen in der Welt, sag ich, immer offenes Haus. Der beste Kerl. Nicht wie diese bequemen Herumtreiber und Rosinenrauspicker, die man heute mit auf den Schiffen hat. Wisst ihr was, die haben mich zum Vertrauensmann gewählt.

Ja, wieso nicht?, sagt Helen, du warst bestimmt der beste Mann an Bord.

Eine Welle friedlicher Benommenheit schwappt über den Aufruhr in ihm; er ist fast eingeschlafen, obwohl seine geäderte braune Hand noch zitternd Allies weiches helles Haar streichelt und streichelt.

Ist das Helen? Nein, es ist Jeannie, so sehr der Helen von vor Jahren ähnlich, steht plötzlich unter der Dielenlampe und sieht alle an, mit vom Regen glänzenden Wangen.

Nie im Leben habe ich so viele friedliche Wracks gesehen. Ihr Blick dabei liebevoll. Das möchte ich einmal sein, wenn ich erwachsen bin, einfach nur ein friedliches Wrack, händchenhaltend mit anderen friedlichen Wracks (denn Len und Helen halten sich an der Hand). Mr. Nickerson haben wir schön reingelegt. Marilyn hat meine Englischaufgabe gemacht, ich ihr Rechnen, und ihr Bruder Tommy hat für uns fünfhundertmal »Ich werde nie mehr in der« geschrieben; dann haben wir nur noch »Klasse schwatzen, Klasse schwatzen, Klasse schwatzen« angehängt.

Sie lässt die Bücher fallen, kniet sich neben Whitey und fragt ihn leise mit seinem alten Spruch von früher: He, Seemann, wohin die Fahrt?, und dreht sich dann zu ihren Eltern. Studie in Kontrasten, Allies Gesicht und das von Whitey, wo ist meine Kamera? Habt ihr Whitey erzählt, dass ich in drei Wochen meinen Abschluss mache, glaubst du, du wirst dann hier sein, Whitey, und … in Ordnung? Ich gebe dir mein Abschlusszeugnis und schreibe deinen Namen rein, dann kannst du sagen, du hast auch die Mittelstufe geschafft. Allie freut sich ja mächtig, dass du da bist.

Und ohne Vorwarnung, mit einer so leichten, so zarten Berührung, als wäre es ein Atemhauch an seiner Wange, fährt sie über eine Narbe. Die ist neu, oder? Allie hat sie bemerkt. Sie hat mich gefragt, ob sie wehtut. Tut sie weh?

Für einen Augenblick hört er auf, Allies Haar zu streicheln, fängt verzweifelt wieder an, sieht so krank aus, dass Helen scharf sagt: Es ist spät. Du gehst besser ins Bett, Jeannie, morgen ist Schule.

Es ist spät. Oder früh. Sie küsst ihn, Helen, Lennie. Gute Nacht. Soll ich meine beschissene kleine Schwester mit nach oben ins Bett nehmen, egal, was sie hier unten macht, oder soll ich sie hierlassen, damit einer von euch starken Männern sie hochträgt?

Von der mittleren Treppe runtergelehnt: Hab nicht gewusst, dass du krank bist, Whitey, ich dachte, du wärst wie … bei den anderen Malen. Von der obersten Treppe: See you later, alligators.

Am liebsten möchte er jetzt allein sein, allein sein und was trinken, vielleicht schlafen. Und sie wissen es. Wir gehen jetzt auch schlafen. Sechs Uhr kommt früh genug.

Also lässt er auch Helens Kuss und Lennies herzlichen Knuff über sich ergehen. Und als Len Allie nach oben trägt, züngelt das Feuer hoch, entfacht Lens Schatten zum Leben, so dass es aussieht, als würde ein Dutzend gebeugter Männer vorsichtig ein Kind unendliche Treppen hochtragen, während der Regen die Fensterscheiben entlangfährt, flehentlich, pausenlos, wie die tastenden Finger der Blinden.

He, Seemann, wohin die Fahrt? He, Seemann, wohin die Fahrt?

3

In seinem Schlaf spricht er oft und laut, stöhnt manchmal, und gegen Morgen fängt das Zittern an. Er wacht auf in eine ungeteilte Stille, die er nicht begreift, gewohnt an die verschiedenen Stimmen des Meeres, die Stimmlagenpalette derjenigen, mit denen er Schlaf, Arbeit und Essen teilt, das Stampfen der Maschinen, das Wühlen der Schiffsschraube; oder, vom Trinken beduselt, die Geräusche der Straße oder die dünnen Wände wie Ohren, die andere, ebenso sinnlose Leben wie das eigene verstärkt herantragen.

Hier gibt es nur das Wispern der Uhr (der Motor, der das Haus jetzt antreibt) und die eigenen Geräusche.

Das Zittern will nicht aufhören. In der Küche liegt ein Zettel:

Speck und Eier im Kühlschrank, Kaffee schon fertig. Die Kids kommen nach der Schule direkt zu Dir nach Hause. NICHT *runter zu den Docks gehen, Lennie nimmt Dich morgen mit. Alles Liebe.*

Liebe.

Die Reihe Konserven auf dem Küchenbord ist mager. Also steht's noch immer schlecht, denkt er, kein Geld für Vorräte. Hoffnungsvoll öffnet er alle Türen, aber sollte es eine Flasche geben, ist sie gut versteckt. Lange starrt er auf den Boden, geht raus in den Hof, wo Regen die Gräser, die schon bald dürr sein werden, mit Perlen besetzt hat, kommt zurück, starrt auf seine feucht gewordenen Füße, starrt wieder auf den Boden (muss geschrubbt werden, und die Fenster- und Türrahmen könnten es auch gebrauchen; na vielleicht, wenn's mir besser geht), aber in der Spüle steht kein Geschirr, alles sauberer, als er erwartet hat.

Oben, nicht zu glauben, sind die Betten gemacht, auf dem Boden keine zerknautschte Kleidung. Außer in Jeannies und Allies Zimmer: Wie in seiner Erinnerung lümmeln da in den Ecken die Wollmäuse herum und die Puppen zusammen mit Büchern, Platten und Unterwäsche. Das kriegt sie wohl nicht mehr auseinandersortiert. Und da ist sie wieder, seine Vision, wie er einmal, mit Lebensmitteln beladen, hierherkommt, niemand in dem müllübersäten Haus, und wie er schnell, bevor sie heimkommen, oben Ordnung schafft (den Schmutz im Waschbecken), unten sauber macht, den Küchenboden schrubbt, den Berg an Geschirr spült, Kartoffeln aufsetzt und den Ofen anmacht, und wenn sie schließlich hereinstürmen, ganz ruhig sagt: Das Haus ist sauber, und es gibt Steaks zum Abendessen.

Ob es das ist, was im Magen wehtut, oder die brennende Kälte, die nicht aufhört – er zieht sich hastig an und schimpft mit den neuen Stiefeln, die mit eigenem Leben glänzen. Auf dem Weg nach draußen bleibt er kurz am Bücherregal stehen und streicht mit der Hand darüber. Verdammt gute Malerarbeit, sagt er laut, muss ich schon sagen. Steht nach vierzehn Jahren tipptopp da. Prima die rote Rückwand, die Helen so gefiel, weil man sie über den Büchern sehen kann.

He, Seemann, wohin die Fahrt?

4

Es dauert fünf Tage, bis er wiederkommt. Ein Taxifahrer geht ihm voran die Treppe hoch, schwer beladen. Weiter, weiter, gleich in die Küche, Mann, dirigiert ihn Whitey und fühlt sich wohl, o ja, so richtig gut. Die Schuhe sind fleckig, er trägt einen eingerissenen Trenchcoat anstelle des neuen Jacketts. Lebensmittel, verkündet er gewichtig und zeigt auf die Bündel am Boden. Steak. Was immer ihr gerade esst, weg damit.

Hab ich Ihnen doch gesagt, das ist ein attraktiver Haufen, und er zeigt grandios in die Runde. Bis auf Lennie, die Hyäne da. Los, Mann, nehmen Sie die fünf Mäuse.

Der soll warten, Whitey, ich will Taxi fahren, schreit Allie.

Bis auf den nächsten Hügel und zurück, das geht rauf und runter und die ganze Zeit alles Kurven, kreischt Carol.

Ich fahr auch mit, sagt Jeannie.

Klappe halten, brüllt Lennie, lasst den Mann in Ruhe, er arbeitet. Setzt euch hin, Kinder. Setz dich, Whitey.

Bring noch einen Teller, Jeannie, sagt Helen.

Und Gläser. Hab Coke für die Kids. Jetzt trinken wir erst mal was.

Ich will Taxi fahren, beharrt Allie.

Warte, bis dein mieser Bastard von Daddy gerade nicht kuckt. Dann fahren wir.

Pass auf, wie du redest, Whitey, wir haben einen Gentleman hier, sagt Helen. Iss deinen Teller leer, Allie.

Stimmt. Und wer is hier der Gentleman? Das bin ich. Die Welt, sagt Marx, ist in zwei Klassen geteilt …

Zur See fahrende Gentlemen und Bastarde an Land, fällt Lennie ein.

Aber Daddy!, sagt Jeannie.

Du bist ein mieser Bassard von Daddy, sagt Allie.

So is recht, schimpf ihn aus, stachelt Whitey sie an. Warum kommen die verfluchten Gläser nicht. Dann eben so die Luke runter.

Meine Klasse ist durch Noten geteilt, sagt Carol und kichert hilflos über ihren eigenen Witz, und überhaupt, was ist mit den Damen? Wo ist *mein* Drink? Die Luke runter.

Ich hab Geschenke dabei, Kinder. In der Küche.

Und da bleiben die, warnt Helen, bis nach dem Essen. Ihr bleibt schön sitzen.

Jeannie da drüben macht sich sowieso nichts aus Geschenken. Die ist ja schon so erwachsen. Ihre Königliche Hoheit küsst den alten Whitey nicht mal, schmeißt nur einen Teller nach ihm.

Gabel, Messer, Löffel auch, sagt Jeannie, wieso benutzt du die nicht?

Schmeckt nicht übel, Helen. Aber er isst kaum, und als sie den Tisch abräumen, legt er einen Zehner hin.

Mach mal halblang, Seemann, sagt Lennie, steck dein Geld wieder ein.

Ich nehm's, sagt Carol, wenn's keiner will.

Wenn du sofort ins Vorderzimmer verschwindest, sagt Lennie, brauchst du nicht den Abwasch zu machen.

Was kümmert mich der Scheißabwasch.

Vorsicht, sagt Helen.

Seit wann hat's denn hier im Haus Abwasch nach dem Essen?

Seit wir uns organisiert haben, sagt Lennie, werden die Sachen gemacht, wenn sie gemacht werden sollen. Wir haben unser Leben neu organisiert. *Das* ist, was los ist mit Helen.

Also, wenn du arbeitest …, beginnt Helen zu erklären.

Kuckt mal, Daddy küsst Mommy.

Gib mir mein Geschenk und wirbel mich rum, Whitey, fordert Allie.

Kein Rumwirbeln. Komm, setz dich, Süße. Wie wär's denn mit Hopsen? *Hab meine Lady in New Orleans verlassen, mit zwei Dutzend Kids und nix in der Kasse.*

Du denkst wohl, weil ich zehn bin, bin ich zu groß fürs Hopsen, sagt Carol.

Jeder kommt dran. Jeannie. Deine Mommy. Sogar Lennie.

> *Was wär das Leben grau*
> *Ohne eine Frau* (Hops)
> *Was wäre unser Häuschen* (Hops-Hops)
> *Ohne mein Klein-Mäuschen?*

He, Helen, bring die Geschenke. Sag Jeannie, kommt sie nicht rein, kriegt sie auch nichts. Jeannie, leg eine dieser Marimba-Platten auf. Mir ist nach Marimba. Geht mir gut, geht mir richtig gut. He, Lennie, beweg deinen Affenarsch und komm rein, ich muss dir was sagen. Überlass den Frauen die Arbeit.

Affenarsch, kichert Allie.

Jeannie wird verrückt, wenn du so redest, sagt Carol. Gib uns unsere Geschenke, und dann endlich Taxi fahren, und erzähl, wie du damals torpediert wurdest.

Erzähl uns »Krone und Abgrund«.

Erzähl doch selber. Ich will was trinken.

Die Luke runter, Whitey.

Die Luke runter.

Lass gut sein, Junge, sagte Lennie beim Reinkommen. Der Abend ist noch lang.

Sag Helen, sie soll die Geschenke bringen. Sie muss nicht eifersüchtig sein. Ich hab Geld für sie. Helen mag Geld.

Oben, sagt Helen, sie kriegen die Geschenke oben. Bevor sie ins Bett gehen. Morgen ist Schule.

Erst sollen wir die nach dem Essen kriegen und jetzt, bevor wir ins Bett gehen. Das ist nicht fair, mault Allie.

Ich hab ihm noch nicht mein Album gezeigt, sagt Carol. Und er hat »Krone und Abgrund« nicht aufgesagt.

Nicht fair. Taxi sind wir auch nicht gefahren.

Whitey ist morgen auch noch hier, sagt Helen.

Vielleicht aber auch nicht, sagt Carol. Er hat ein Zimmer gemietet, hat er mir erzählt. Sechs Wochen Miete im Voraus und ausgestattet mit achtzehn Dosen Bohnen und sechsunddreißig Sardinenbüchsen. Alles gut verstaut, sagt Whitey. Jemand, der Deeck heißt, wohnt auch da.

Mein Affenarsch noch in New Orleans, zwei Dutzend Kids und 'n Paar olle Jeans, singt Allie und hopst wild auf der Couch. Ist einfach nicht *fair.*

Sag ihnen gute Nacht, Whitey, sie kommen später in Schlafsachen runter für einen Gutenachtkuss.

Los, Kinder. Hört auf eure Momma, macht es nicht wie ich. Hier ein Dollar für dich und ein Dollar für dich. Und ein Schluck für mich.

Aber Lennie hat die Flasche genommen. Was soll 'n das, gönnst du mir nicht, dass es mir gut geht? Scheiß drauf, Kumpel, ich bin versorgt, und er holt einen Flachmann aus der Tasche.

Hör mal, Whitey, sagt Jeannie. Nachher kommen Freunde und … Whitey, bitte, die sind nicht gewohnt an die Art, wie du redest.

Ach ja? Tschuldigung, Königliche Hoheit. Hier sind zehn Dollar, Königliche Hoheit. Verzeiht es sich so leichter?

Komm, setz dich bitte in die Küche. Daddy, nimm ihn bitte mit in die Küche.

Jeannie, sagt Lennie, gib ihm das Geld zurück.

Er hat's mir gegeben, es gehört mir.

Gib es zurück.

Na gut. Schleudert es hin und rennt die Treppe rauf.

Lass das, Whitey, sagt Lennie.

Lass was?

Mit deinem gottverdammten Geld um dich zu schmeißen. Wo glaubst du denn, dass du bist, im Hafenviertel?

Is jedenfalls besser da. Du wirst ja noch heiliger als der Scheißpapst in Rom.

Im Ernst, Junge. Und rede hier nicht so. Gib die Flasche her.

Nein. Verschwindet in der Tasche. Solltest dich auch mal ein bisschen locker machen zur Abwechslung. Du und Helen, ihr seht aus wie durch den Fleischwolf gedreht.

Schweigen.

Freundlich: Erzähl mir von der Reise, Whitey.

Die war gut. Die meiste Zeit. Haben mich zum Obmann gemacht.

Hast du uns erzählt.

Auch über den Jungen, Howie? Der beste Kerl. Hat mein Zeug vom Schiff geholt und für mich zur Gewerkschaft gebracht. Wie findet ihr das?

(Gutes Gefühl, komm zurück, komm schon.)

Jeannie in Hut und Mantel. Steif. Danke für die Ohrringe, Whitey.

Echte Steine. Das beste … Lennie, ich geb ihr zehn Dollar. Kann sie ihren Freunden was ausgeben. Ist immerhin meine Frau, oder?

Whitey, muss ich *die* Geschichte wieder hören? Ich war damals vier.

Wieder? (Er hat die Geschichte so oft erzählt, sobald jemand zuzuhören gewillt war, wenn er sich wohlfühlte, und immer wenn er sie erzählte, überkam ihn dasselbe scheue Glücksgefühl, wie sie, als sie vier war, eines Morgens zu ihm ins Bett kroch und ihrer Mutter triumphierend verkündete: Ich bin jetzt mit Whitey verheiratet, muss nicht mehr allein schlafen.) Tschuldigung, Königliche Hoheit, kommt nicht wieder vor. Und die Uhr, die ich dir geschenkt habe, erinnerst du dich?

(Überhaupt nicht, was er sagen möchte. Erinnerst du dich an die Liebe, die ich dir gegeben habe, wie ich dich angebetet habe, die Spielsachen, die ich repariert und gebastelt habe, die Fragen, die ich beantwortet habe, wie ich mich um dich gekümmert habe, wie stolz ich auf dich war.)

Die Uhr hab ich verloren, weißt du nicht mehr? Ich war »zu jung für so 'n teures Geschenk«. Du redest ständig davon, weil das der einzige Grund ist, warum du etwas schenkst: um die Menschen zu kaufen, dass sie nett zu dir sind, und darüber zu quatschen, wenn du betrunken bist. Hier hast du deine Ohrringe. Ich warte draußen auf meine Freunde.

Jeannie! Helen ist wieder runtergekommen mit den Kids. Jeannie, komm mit in die Küche.

Jeannie wird zur Schnecke gemacht, sagt Carol. Uii, die Luke runter. So 'n Schluck möchte ich auch mal haben. Ist mein Frisierset echtes Gold, so wie es aussieht?

Gib der Puppe, die du mir geschenkt hast, einen Kuss, sagt Allie. Sie ist jetzt dein Enkelkind. Küss du sie auch, Daddy. Ich wette, sie war die größte Puppe im Laden.

Deine Puppe kann nicht sprechen. Nur gut, meine Süße, dass sie nicht sprechen kann.

Hier, mein Album, Whitey. Da ist ein Bild von dir drin. Bist du das wirklich, Whitey? Das sieht gar nicht aus wie …

Nicht hinsehen, sagt er sich und schließt die Augen. Nicht hinsehen. Aber es ist unauslöschlich. Unter der fröhlichen Sonne, stolze See und stolzes Schiff als Hintergrund, der stolze junge Mann, glänzendes Haar, glänzende Augen, freudvoller Körper, das Gesicht dem Leben zugewandt, faltenlos. Sechzehn? Siebzehn? Mach es zu, sagt er, M. Norbert Jacklebaum hat den Kerl nie gesehen. Hör auf, mich zu knuffen.

Niemand knufft dich, Whitey, sagt Allie. Du fummelst dir selber im Gesicht herum.

Er spürt den Narben nach, den Gruben und Falten, der böse zugerichteten Nase; er sucht es herauszufinden.

Du heißt Michael Jackson, Whitey, wieso sagst du immer Jacklebaum?, will Allie wissen.

Sag »Krone und Abgrund« auf. Immer will ich es mir merken und kann es nicht, sagt Carol leise. Jeannie auch nicht. Sag »Krone und Abgrund« auf, erzähl, wie du es auswendig gelernt hast. Wenn du möchtest. Bitte.

O ja, er möchte. *Wenn es November ist in meiner Seel',* fängt er an. Nein, das falsche.

Er nimmt die alte stolze Haltung ein. Mein Abschied, geschrieben am Vorabend, bevor er hingerichtet wurde, von José Rizal, Nationalheld der Philippinen. Beigebracht von Li'l Joe Roco, nicht viel größer als du, Jeannie, mein erster Schiffskamerad.

Ich bin Carol, nicht Jeannie.

Li'l Joe. Ist nie mehr nach Hause zurückgekommen, sie waren gerade dabei, die Luken dichtzumachen, und … Ich sag es nur bei besonderer Gelegenheit auf. José Rizal: El último adiós. Bekannt als »Mein Abschied«, 1896.

> *Adieu, du angebetetes Vaterland …*
> *Unser verlorner Garten Eden,*
> *Freudig geb ich dir hin mein traurig Leben*
> *Und wär es weit strahlender,*
> *Jung und von Rosen übersät, ich gäb es für dich.*
>
> *Traum, dem ich folgte von fern,*
> *Wunsch, der mich spornte, verzehrte,*
> *Schön ist es, zu sterben,*
> *Dass Erfüllung findet der Traum.*

Weiter, Whitey.

Und wenn auch du, mein einzig Land,
Mich solltest vergessen – was macht's!
Wort bleib ich in deinem Ohr, Duft und Farbe,
Licht, Schrei und geliebtes Lied …

Unhörbar.

O Krone und Abgrund meines Kummers,
Alles lass ich bei dir, meine Freunde, meine Liebe,
Wohin ich geh, da sind keine Tyrannen …

Er steht schwankend da. Sag gut Nacht, sagt Lennie. Whitey wird es ein andermal ganz aufsagen … So, Kumpel, setz dich.

Und in der Küche.
Du weißt, wie er redet. Wie kannst du das zulassen? Vor den Ohren der Kleinen.
Die hören nicht die Wörter, die hören, was dahinter ist. Es gibt schlimmere Wörter als vulgäre Wörter, es gibt Wörter, die verletzen. Wenn Whitey so redet, sind das Allerweltswörter; die Männer, mit denen er lebt, reden so, das ist alles.
Nicht gerade die Sorte Männer, mit denen ich zu tun haben möchte. Ich geh nicht zu Leuten, wo ich so was höre.
Jeannie, wem willst du was vormachen? So redet ihr Jugendlichen doch alle.
Das ist was anderes, das ist, um erwachsen zu sein, wie rauchen. Und er ist so betrunken. Warum hat Daddy nicht

erlaubt, dass ich die zehn Dollar behalte? Für mich wäre das eine Menge, und für ihn ist das gar nichts.

Es ist sein Geld. Er hat dafür gearbeitet, es ist die einzige Macht, die er hat. Wir nehmen Whiteys Geld nicht.

Ach ja. Außer wenn er es euch gibt.

Als er bei uns gewohnt hat, als er Däumchen drehen musste, auf Stütze, das war was anderes. Da war er trocken. Es war sein Anteil.

Er ist bloß noch ein Suffkopp aus der Skid-Row-Gosse – warum schmeißen du und Daddy ihn nicht aus dem Haus? Er gehört nicht hierher.

Natürlich gehört er hierher, er ist ein Teil von uns, wie Familie … Jeannie, unser Haus ist das einzige auf der Welt, in das er kommen und mit Menschen sein kann, ohne etwas dafür zu bezahlen.

Jemand, der Geschenke mitbringt und dich rumwirbelt und erwartet, dass du springst für sein blödes Geld.

Denk daran, wie gut er zu dir gewesen ist. Zu uns. Jeannie, als er Seemann wurde, war er kaum älter als du.

Jetzt fängst du gleich an und erzählst mir, wie er Daddy bei dem Streik von 1934 das Leben gerettet hat.

Ich kenne niemand, der sich so auskennt mit Menschen und Ländern wie er. Du kannst viel von ihm lernen.

Wann ist er denn überhaupt noch so? Er ist bloß noch ein Suffkopp aus der Gosse, nicht mehr.

Ich möchte, dass du es verstehst. Mr. Norris ist in deinen Augen eine Tragödie, du hast Mitleid mit ihm, weil er intelligent redet und in einem hübschen Haus wohnt und in aller Stille trinkt. Du musst es doch verstehen.

Bloß ein Suffkopp. Billige Plörre, Whisky, wenn er Geld hat. Was ja nie lange ist.

Es verstehen.

Am Anfang war da die Jugend gewesen, war da die Freude, einen draufzumachen, und die merkwürdige Unfähigkeit, sich eine Hure zu nehmen, außer wenn er angeduselt war.

Und später Erinnerungen, die vergessen, Träume, die erstickt, Hoffnungen, die abgewürgt werden mussten.

Weißt du noch, wer der Alte auf dem Schiff war? Blackie Karns, Arschkriecher Karns persönlich.

Der hat zur selben Zeit angefangen wie du, Whitey.

O ja. (Ein paar hatten sich geschickt nach oben gewunden und gewieselt.) Erinnerst du dich, wie er im Krieg der Einzige war, der auch in der Stadt seine Tressen trug? Selbes Jahr, wie ich Maat geworden bin? Ich weiß, wie ich mit dir fertig werde, Jackson, sagt er. Für dich ist kein Platz mehr auf dem Schiff, sagt er. Darauf ich: Mein Arschloch weiß immer noch mehr als ihr alle zusammen.

Worum ging's da, Whitey?

Weiß nicht mehr. Verdorbener Fraß. Ich halte ihm den Teller hin und sage, iss doch selber. Niemand packt groß an, wenn das nicht besser wird. Und es wurde besser.

Dieser Junge, lauter Überstunden kriegt er aufgebrummt. Hat nicht mal gemotzt. Hab *ich* aber gemacht. Musste Strafe an die Gewerkschaft zahlen, weil ich den Mund aufgemacht hab. M. Norbert Jacklebaum, von der Gewerkschaft bestraft, »einem Schiffsobmann nicht geziemendes Verhalten«, sagt der Wachhund, »nicht den ordnungsgemäßen Dienstweg genommen«. (Sein schönes altes Talent der Nachahmung dringt durch die vernuschelten Wörter.)

Diese Jüngelchen, diese Rosinenrauspicker, die haben ja keine Ahnung, wie wir uns das alles erkämpft haben. Was jetzt so langsam den Bach runtergeht. Glaubst du etwa, jemand hätte zu mir gehalten, Len? Nur dieser Howie und so ein Schiffsbummler, Goldballs, der will ein Buch schreiben. Du kommst da rein, Jackson, sagt er, du bist 'ne echte Teerjacke.

Verstehen. Den Tod der Bruderschaft. Früher, früher bedeutete ein Unrecht, das einem zugefügt wird, ein Unrecht gegen alle. Früher, früher, da lebte einer für den anderen. Und wer immer mit vollen Taschen von Bord ging, hat geteilt, weil das der einzige Weg war zu überleben, alles zu teilen, zu wissen, wenn du es brauchst beim Warten auf einen nächsten Heuerschein, wirst du unterstützt.

Jetzt war da nur noch eine verschwindende Anzahl, und darunter immer mehr Säufer, die nur manchmal auf Fahrt gingen oder schon vor langer Zeit ihren Gewerkschaftsausweis verloren hatten wegen ausbleibender Beitragszahlungen.

He, ich bin hierhergekommen, um mich wohlzufühlen. Die Luke runter. Zum Teufel mit euch. Habt ihr Freunde? Zum Teufel mit euren Freunden.

Helen ist wieder da.

Du erinnerst dich also an El último, Whitey. Erinnerst du dich auch daran, wie wir es zum ersten Mal gehört haben, als Joe es aufgesagt hat?

Erinnere mich.

Erinnere zu viel, verdammt zu viel. Dreiundzwanzig Jahre lang immer unterwegs auf dem Wasser: viele Gesichter, viele Länder.

Aber nach und nach sind bestimmte Sachen dieselben. Die Schnapsbuden und die Puffs. Die Bagnos und Kittchen und Bunker. New York und Norfolk und New Orleans und San Pedro und Frisco und Seattle nach und nach genau wie die ausländischen Häfen: Docks, Nepplokale, Pfandleihen, Puffs, die Elendsstraßen, das GESETZ UND DIE MAUER: nur so weit darfst du gehen und nicht weiter, die City verboten, nicht deine Sprache, nicht deine Leute, nicht dein Land.

Und jetzt manchmal hinzugekommen: das Krankenhaus.

Was soll mit dir werden, Whitey?

Was kümmert's mich? Niemand muss es kümmern, was mit M. Jacklebaum wird.

Wie könnte es uns nicht kümmern, Whitey? Menschenskind, du bist ein Stück unseres Lebens.

Das kannst du dir irgendwo hinstecken, Lennie. Ihr seid also ein Stück von meinem Leben. Ach ja?

Verstehen. Sie sind einmal zusammen jung gewesen.

Für Lennie blieb er weiterhin die Verbindung mit dem Abenteuer und einer Welt, in der die Menschen einander nicht fraßen; und das Vergnügen, mit diesem illusionslosen Kopf, wenn er bei klarem Verstand war, über die Ereignisse der Zeit oder die Sonderbarkeiten der Menschen zu brüten oder über seine Parodien zu lachen.

Für Helen war er all die Hilfe und Unterstützung, die er ihr gegeben hatte: das Ohr, das zuhört, die Hand, die versteht, wie viel ein geschrubbter Boden, ein Abwasch, ein für eine Weile in Obhut genommenes Kind bedeuten.

Sie hatten an seine Rettung geglaubt, damals. Ihn aus dem Hafenviertel loseisen, wo er trinken muss, um nicht allein zu sein oder um sich eine Frau zu nehmen. Das am Strand aus ihm herausgezerrte Bekenntnis, das betrunkene Ende eines Versuchs von acht Monaten Nüchternheit, um eine neue Existenz aufzubauen – versteht ihr denn nicht, ich kann mich einer Hure nicht nähern, ohne beschickert zu sein.

Wenn sie wüssten, wie das jetzt ist, so beiläufig, als wäre es nach dreißig Jahren Ehe.

Später die Zeiten, da er bei ihnen Geld hinterlegt hatte für
die Pläne: seine Zähne richten lassen, ein Auto kaufen, in die
Schiffsmaler-Gewerkschaft eintreten, seine Familie in Chicago
besuchen. Aber allzu bald die Fragen nach dem Geld, wenn der
große Durst ihn packte, so dass sie es nach ein paar Versuchen
aufgaben, es für ihn aufzubewahren.

Noch später dann das erste Mal, dass es zu viel wurde und
Lennie ihm Hausverbot erteilte, außer wenn er »okay« wäre –
»wegen der Kinder«.

Jetzt der verfallende Körper, der Verrat an ihm beging. Und
die Erinnerungen, die vergessen, die Träume, die erstickt, die
Hoffnungen, die abgewürgt werden mussten.

Was soll mit dir werden, Whitey?, wiederholt Helen.
Nie weiß ich, ob du zurückkommen wirst. Ob du dazu im-
stande sein wirst.

Er kippt die Flasche und trinkt sie ganz aus. Durstig
denkt er: Deeck und sein Zimmer, wo er brüllen oder singen oder herumstampfen kann, und Deeck sieht ohne Vor-
wurf oder Mitleid oder Angst zu.

Ich mach mich los.

Warte, Whitey. Wir fahren dich. Wollen doch wissen,
wo du unterkommst.

Schaff ich allein. Ihr kriegt 'ne Postkarte.

Vorbei an Jeannie, stumm und in ihren Mantel verkro-
chen.

Niemand auf den Straßen. Alle drinnen, jeder in seinem Schuhkarton von Haus, vorm flackernden Fernseher.
Trüber Nebel liegt auf seinem Gesicht, aber als er bis zum
dritten Hügel gekommen ist, hat der sich gelichtet, und er
kann die Stadt unter ihm sehen, Welle für Welle, und oben
auf der Kuppe das kleine Haus mit seinen unverdunkelten
Augen, aus dem er gekommen ist. Nach einer Weile ver-

schwimmen sie mit den unzähligen anderen, die ihn so blind anstarren.

Dann geht er hinunter.

He, Seemann, wohin die Fahrt?
He, Marinero, wohin die Fahrt?

San Francisco 1953–1955

Für Jack Eggan, Seemann 1915 bis 1938

Gefallen beim Rückzug über den Ebro, Spanien

O ja

1

Sie sind die einzigen Weißen hier im Halbdunkel der Kirche der Schwarzen, die einmal ein Eckladen gewesen ist, und während des anwachsenden Gemurmels und Gebrodels vor Gottesdienstbeginn hält die zwölfjährige Carol die Hand ihrer Mutter ganz fest, während die andere Hand auf ihrer Freundin Parialee Phillips ruht, zu deren Taufe sie gekommen ist.

Die weißbehandschuhten Saalordner hasten den Mittelgang auf und ab und weisen den Leuten ihre Plätze an. Ein einziges Gedränge. Zu den Stühlen linker Hand für den Jugendchor, zu den Stühlen rechter Hand für den Frauenchor, und selbst hinauf zum Podium, wo hinter dem Platz für die Würdenträger und den gemischten Chor das neue Taufbecken glänzt – und als ergösse er sich von der Decke darein, der blau gemalte Jordan, in dessen Fluten Gott steht, einen braunen Mann in einem Leopardenfell umarmt und zu den Goldlettern zeigt:

JAUCHZET

G   L

O   I

IST   E

T   B

T   E

ICH BIN DER WEG   DIE WAHRHEIT   DAS LEBEN

Vor dem hellen Fenster macht der Christus am Kreuz, gestickt auf den gestärkten weißen Vorhang, bei dem Stoß des plötzlichen Gesangs einen Sprung. Und die Chöre marschieren ein. Gewänder in Bordeauxrot, Blau und Rot.

»Wir stehn auch auf und singen«, sagt Parialees Mutter Alva zu Helen, doch Parialee hat Carol schon hochgezogen. Im Singen bauscht die kleine Lucinda Phillips ihre vielen Petticoats auf; im Singen wippt der kleine Bubbie auf seinen Fersen auf und ab.

> *Land der Freiheit, schon bin ich dir nah,*
> *Ja, o ja*
> *Gelobtes Land, dich kenne ich bald*

Der Jugendchor befeuert klatschend und wippend den Rhythmus. Carol beginnt mitzuwippen, erstarrt. »Parry, kuck mal. Einer aus der Schule.«

»Noch mal noch«, sagt Parialee in der Art, wie sie neuerdings gern redet.

»Eddie Garlin ist da oben. Aus meinem Mathekurs.«

»Paar Typen von der Franklin Junior zwitschern mit im Chor. Alles easy.«

Ängstlich prüft Carol die Gesichter, ob sie noch jemand kennt, ob jemand sie kennen könnte, sieht dann aber rasch runter auf Lucindas weite Röcke, denn Eddie scheint sie auch anzusehen, mürrisch oder besorgt, schwer zu sagen, wo sie direkt in die grelle Sonne hinter dem Fenstervorhang sieht.

Mein schönstes Kleid hol ich hervor,
Ich trug es schon am Höllentor

Wenn es eine Platte wäre, würde sie es immer wieder spielen, dachte Carol, die ineinander verschlungenen Stimmen trennen, herausfinden, wie die vielen Rhythmen einzeln loslegen und doch fröhlich *einen* Rhythmus bilden.

Komm ich laut singend vors Himmelshaus
Wirft keiner, niemand mich wieder raus

»Da, Mr. Chairback Evans, der fängt gleich mit dem Bittgebet an«, erklärt Lucinda und beugt sich zu Parry hinüber. »Kann er nicht so gut wie Momma.«

»Pst.«

»Momma ist die einzigste Frau in der Kirche, die das Bittgebet machen darf. Letzte Woche, da hat sie das Gebet gesprochen. (Letzten Monat, Lucy.) Ich habe letztes Mal den Kinderteil gemacht. (Das war schon vor Thanksgiving.) Und Bubbie hat's auch schon gemacht. Ganz ganz oft.«

»Lucy-inda. SETZ DICH!«

Ankündigung Bibelkreis und Ankündigung Chorprobe und Ankündigung Jungschartreffen.

Wenn Eddie sie darauf ansprechen würde, dass sie hier

war, dachte Carol ängstlich, und wenn er es in der Schule machen würde und jemand wäre dabei.

Ankündigung der Boten des Glaubens und Ankündigung der Mambotänzer und Ankündigung des Ausschusses für den musikalischen Teeabend.

So warm der Arm von Parry. Ohne es selbst zu merken, beginnt sie das alte Spiel aus der Grundschule, der anderen einen Rhythmus auf den Arm zu trommeln, damit die den Song errät. »Parry, rate.«

Doch Parry fixiert das Podium.

Das Taufbecken? »Parry, hast du Bammel ... vor der Taufe?«

»Wegen dem Typen? Nein.« Schüttelt den Kopf so langsam und verächtlich, dass die Haarspange, von der Sonne erfasst, einen langen Lichtstrahl wirft. Und fixiert weiter das Podium.

Die New Strangers Baptist Church lädt ein, und die Canaan Fair Singers werden angekündigt, und Battle of Song und Cosmopolites treffen sich. »O Herr, ich hatte keine Ruh«, ein Solo. Der Frauenchor:

O ihr, die ihr sucht, o ihr, die ihr sucht,
Kehrt ihr nie, kehrt ihr nie um?

Der gemischte Chor singt:

Hesekiel sah das Rad der Zeit
Und jede Speiche ein Menschenkind war ...

Und der dünne erschöpfte Mann im Nadelstreifenanzug beginnt seine Predigt über die Natur Gottes. Wie leidgeprüft Gott ist. Oh, wie lange er gelitten hat. Die Reihe der mächtigen Länder, die aufgestiegen und gefallen sind und nun Staub, dafür dass sie die Elenden zermalmt haben.

Oh, diese Stimme von Schläfrigkeit und Traum, der Carol nicht zu lauschen braucht. Wie vor langer Zeit. Parry warm neben ihr, wie es damals war, dort im Klassenzimmer der Horace-Mann-Grundschule, und das Gefühl, ganz durchtränkt zu sein von Sonne, Halbdunkel und Traum. Geruch und Geräusch von Kreide, wie sie sich bis zum Nichts verbraucht, Bücherrascheln, Trommelwirbel von Parrys Fingern auf ihrem Arm: *Rate.*

Und während die Stimme des Predigers froh und frei weiterspinnt, ist es der vertraute Hinterhof mit seinen Spielen. Fangen spielen. Die dumpfen Schläge beim Volleyball. Die Erregung beim Seilspringen. Parry, mach schon. Carol, mach schon. Parry besser als Carol, Carol besser als Parry …

Hat jemand geschrien?

Jemand schien geschrien zu haben – aber alle saßen da wie vorher, auch wenn die Sonne nicht mehr durch die Fenster knallte. Sie versuchte hochzublicken, wo Eddie war, aber die Saalordner standen jetzt vorn im Gang, die Frauen in weißen Kleidern wie Krankenschwestern oder Kellnerinnen, die Männer in ihren weißen Handschuhen mit nach oben zeigenden Handflächen.

»Und Gott ist mächtig«, intonierte der Prediger. »Ein Klacks für ihn, die Ozeane auszutrocknen und die Berge aufzutürmen. Ein Klacks für ihn, aus schlammigem Lehm den Menschen zu erschaffen. Ich sage, den Menschen, den Menschen zu erschaffen.«

Die Dame vor ihr stöhnte »O ja«, und andere stöhnten »O ja«.

»Und als die Erde trauerte, sagte der Herr: Weine nicht, denn alles kehrt zu dir zurück, jedes Staubkorn, jedes Atom. Und der müde Staub legt sich, kehrt zurück. Bis zum Jüngsten Tag. Dem großen Tag.«

»O ja.«

Die Saalordner verteilten Fächer. Carol hielt die Hand hin, und Parry sagte: »Wozu brauchst *du* denn einen?«, aber sie nahm ihn trotzdem.

»Ihr denkt, Satchmo kann blasen; ihr denkt, Muggsy kann blasen; ihr denkt, Dizzy kann blasen?« Er streckte sich mit einer imaginären Trompete, den Kopf weit zurückgelegt, die Stimme wie von einer Trompete.

»Parry, was ist der gut!«

»Na ja. Glibber Glibber.«

»Nichts im Vergleich mit Gabriel an diesem großen Tag des Aufwachens. Und das Horn weckt Adam auf, und Adam läuft und weckt Eva auf, und Eva stöhnt: Nur noch eine Minute, lass mich schlafen, und Adam schreit: Der Große Tag, Frau, weißt du nicht, heute ist der Große Tag!«

»*Großer Tag, Großer Tag.*« Der gemischte Chor hinter dem Prediger jubelt:

> *Wenn alle Sorgen sind verschwunden*
> *Wenn wir nach Hause dann gefunden ...*

»Und Eva läuft los und weckt Kain auf.« Er läuft auf dem Podium eine Runde, bückt sich und schüttelt imaginäre Schläfer: »Und Kain läuft los und weckt Abel auf.« Die Stimme schwillt an, überschlägt sich – »Gro-ooo-ßer Ta-aaa-ag.« Alle Chöre donnern:

Großer Tag
Wenn die Schlacht geschlagen
Und der Sieg errungen ist

Jubelnde Klangspiralen. Und darin verfangen, singt Carol (Eddie vergessen, das Spiel vergessen) laut mit Lucy und Bubbie: »*Großer Tag.*«

»Oooooooh«, seine Stimme wieder wie ein Trompetenstoß, »das Wiedervereintsein. Oooooooh, das Frohlocken. Nach unvorstellbar langen Zeiten der Sehnsucht.«

Es schrie wirklich jemand. Und dazu ein grässliches Trommelgeräusch wie von Füßen und Händen, die um sich stoßen und schlagen wie ein riesiges Seilspringen.

»*Großer Tag.*« Und niemand rührte sich oder starrte, als die Saalordner eine kleine Frau in den Mittelgang zogen, die schrie und sich schüttelte, eine kleine zusammengeschrumpfte Frau nur, kaum größer als Carol, das Größte an ihr noch die geschwollenen Hände und die Tränenbäche, die ihr übers Gesicht liefen.

Das Schütteln auch in Carols Innerem. Dreht sich zu ihrer Freundin und fragt zitternd: »Was … mit dieser Dame?« Aber Parry fixiert weiter das Podium, die kleine Lucy lässt die Kette ihres Armbands kreisen, und Bubbie sitzt friedlich, träumerisch da. Alva Phillips ist aufgestanden und fächelt einer Dame in der Reihe vor ihr zu; zwei Saalordnerinnen fächeln noch anderen zu, die Carol nicht sehen kann. Und ihre Mutter, ihre Mutter scheint zu schlafen.

Ja. Er hat die Toten aus dem Grab auferstehen lassen. Er hat den alten Tod Gehorsam gelehrt.

Ja. Ja. Von überall, gedämpft.

O ja

Er war der Fels deiner Mutter. Deines Vaters mächtiger Turm. Und er schenkte uns ein kleines Kind. Ein kleines Kind zum Lieben.

Wie bin ich froh

Ja, dein Freund, wenn du ohne Freunde bist. Dein Vater, wenn du ohne Vater bist. Wegbereiter. Türöffner.

Ja

Wenn es aussieht, als könntest du nicht weiter, ist er da. Du kannst, sagt er, du kannst.

Ja

Und die Last, die du getragen hast – ooooh diese Last! –, nicht für immer ist sie da. Nein, nicht für immer.

Bleibe bei mir, Herr

Ich lege mein Wort in dich, und es ist Kraft. Ich lege meine Wahrheit in dich, und es ist Kraft.

O ja

Aus deinem Leiden lasse ich dich erstehen wie einen Felsen. Einen viel geprüften Felsen. Gehauen aus uraltem Gestein.

Oooooooh. Aus dem Sumpf erhebe ich deine Füße. Deine von so viel Wandern ermüdeten Füße. Von so viel Arbeit und Verschleiß und schwerer Zeit.

Ja

Von so viel Umherziehen – und niemals das Gelobte Land. Und ich werde sie waschen im Brunnen, den deine Tränen gefüllt haben. Und ich werde sie beschuhen mit dem Evangelium des Friedens und des Wohlgefühls. Ooooooooh.

O ja
Hinter Carol ein zitternder, flatternder Schrei. Dann das Umsichschlagen. Oben das Singen:

> *Meinen Jesus, den haben sie in den Wald gepeitscht*
> *Sein eignes Kreuz musste er zimmern da, und sie*
> *zerrten ihn nach Golgatha*
> *Schrei, Bruder. Schrei schrei schrei. Er klagte kein*
> *einziges Mal.*

Voller Kraft pulsierende Stimmen. Sie rufen und antworten einander.

> *Meinen Jesus, den haben sie geholt und mit Geißeln*
> *den Hügel hinaufgetrieben*
> *Mit einer knotigen Peitsche und Dornengeäst, er*
> *klagte kein einziges Mal*
> *Schrei, Schwester. Schrei schrei schrei. Er klagte*
> *kein einziges Mal*
> *Geht hin und erzählt aller Welt, der Heiland ist*
> *auferstanden*
> *Ist auferstanden von den Toten und wird leben*
> *allezeit*
> *Und muss sterben nicht mehr*
> *Halleluuu.*
> *Schrei, Bruder, schrei*
> *Wir müssen sterben nicht mehr!*

Ein einzelner hochschnellender Jubelschrei. Dann das Umsichschlagen. Überall ein Klatschen. Dazu weitere Schreie. Das Klavier peitscht und peitscht die Luft zu Schaum. Und wieder Singen.

Einst war ich verloren, der ich nun gefunden bin
War blind, der ich nun sehen kann

Auf Carols Fächer schritt ein kleiner Jesus auf wundersam blauen Fluten zu der Stelle, wo bärtige Jünger aus Fischerbooten Netze warfen. Wenn sie den Fächer genauer betrachtete – selbst Fächer würde –, könnte er eine Mauer um sie bilden. Wenn sie das, was da geschah (*was* geschah denn?), zu einer Schallplatte pressen könnte, klein und rund, in sie hineinhorchen, fern, fern wie in eine Muschel – das Etikett und die Rillen und Spiralen ganz winzig (aber niemals ein Schreien).

Watet watet ins Wasser

Das Jordanwasser ist eisig und braust
Ich muss auf die andere Seite nach Haus
Gott wird das Wasser bewegen

Die Musik springt auf, streift herum. Auf- und absteigende Schreie. Trommelnde Füße rennender Saalordner. Und immer noch bauscht die kleine Lucy ihre Röcke auf, lässt die Kette ihres Armbands kreisen; immer noch sitzt Bubbie da und schaukelt träumerisch hin und her; Augen streifen nur kurz den Mittelgang, so als würde nichts geschehen. »Mutter, gehn wir nach Hause«, bettelt Carol, aber ihre Mutter hält sie ganz fest. Alva Phillips, die starke

Alva, schaukelt auch und singt. *O ja.* Nein, nicht hinkucken.

Watet,
Meer aus Plagen gemischt mit Feuer
Kommt, meine Brüder, kommt höher und höher
Watet watet

Die Stimmen in großen summenden Wellen, langsam, langsam (wann ist es dieses Summen geworden?), alle wiegen sich im Rhythmus, bewegen sich wie in langsamen Wellen und singen dazu, und oben, wo Eddie ist, ein neuer Schrei, wild und offen: »O hilf mir, Jesus«, und als Carol die Augen öffnet, schließt sie sie wieder schnell und kann doch das neue bekannte Gesicht aus der Schule sehen (nicht Eddie), den hin und her schlagenden, sich windenden Körper, der gegen die Saalordner mit ihrem Ausdruck von ernstem und liebevollem Beistand kämpft, kann den zerrissenen, zerreißenden Schrei hören: »Verstoße mich nicht, Ewiges Leben, verstoße mich nicht.«

Und jetzt glitzert der Strass in Parrys Haar böse; die fächelnden weißen Handschuhe der Saalordner schäumen in der Luft; die blau gemalten Fluten des Jordans schwellen an und brausen; Christus an seinem Kreuz am Fenster windet sich hoch – und sie ertrinkt in der Schleuse des langsamen Singens und Schaukelns.

So hoch oben und vergessen die Wellen und die Welt, so regungslos das tiefe kühle Grun und die Wracks dessen, was gewesen ist. Jetzt in dem Partyservice hier, in dem Alva Phillips abends arbeitet – aber anders als damals, als Alva sie vor Dienstantritt da herumgeführt hat, denn es steht alles unter Wasser, die knarrende Ladefläche, wo sie die Nacht hinter sich gelassen hatten; die Umkleide, wo Alvas Pulli, Schuhe, Mütze hingen, der langgestreckte Flur mit den Essiggurkenfässern, die scharfkantige Tür des Gefrierschranks, die aufschwang.

Atemblasen, die sich aufblähen. Ein Zug betäubender Luft. Sie schwimmt in den eisigen Raum, wo riesige Käseräder lagern, und Alva schwimmt auch, ölt geschickt jede Maschine: Schneidegeräte und Zerkleinerer und das Förderband, die bei ihrer Berührung alle anfangen zu rotieren und zu mahlen. Das Tageslicht flammt auf, und Alva hat einen Becher in der Hand und sagt: Trink das, Kleines.

»TRINK ES.« Die Stimme ihrer Mutter und die betäubende Luft verlangen ihre Aufmerksamkeit. Hinauf durchs Wasser und ins Auto.

»So ist's recht, Lämmchen, jetzt leg dich hin.« Der Schoß ihrer Mutter.

»Mutter.«

»Pst. Du bist fast ohnmächtig geworden, Lämmchen.«

Alvas Stimme. »Das wird wieder, Carol … Lucy, ich sage es zum letzten Mal, du und Buford, ihr geht zurück in die Kirche. Carol geht es *gut*.«

»Lucyinda, wenn ich alle deine Petticoats hätte, könnte ich fliegen.« Weinen. »Warum durfte ich nicht meinen Tellerrock mit den Petticoats anziehen, Mutter.«

»Pst, Lämmchen.« Sie streicht ihr über die Wange. »Einfach atmen, ganz tief ein und aus.«

»… Na, wie geht's, du kleiner oller Trostpreis?« Das ist Parry, aber sie steigt nicht ins Auto oder berührt Carol durchs offene Fenster: »Schon kapiert: nix passiert. Wieder auf Zack, alter Sack.«

Automatisch kommt die Antwort: »Und lässig wie Essig.«

Rasch blicken sie sich an.

»Parry, wir müssen nach Hause, ist doch so, Mutter? Ich wäre fast ohnmächtig geworden, ist doch so, Mutter? … Parry, tut mir leid, mir ist übel geworden, und ich kann nicht zu deiner Taufe.«

»Muss dir nicht leidtun. Ich fühl mich wohler, wenn du nicht da bist und zukuckst. Unsere Mommas wollten, dass du dabei bist, nicht ich.«

»Parry!« Drei Stimmen.

»Vielleicht komme ich hinterher zum Kickball-Spielen. Wenn es dir besser geht. Vielleicht. Oder ich bring den Springstock mit.« Alte gemeinsame Freuden in ihrer Stimme. »Oder sonst irgendwas.«

Nur ein Wispern: »Oder sonst irgendwas. Parry. Bis dann, Parry.«

Und warum muss Alva jetzt reden?

»Und? Atmest du auch tief, wie deine Momma gesagt hat? War es drinnen zu eng und heiß? Hat dir was Angst gemacht, Carrie?«

Den Kopf schütteln, um zu lügen. »Nein.«

»Mach mir ja selber Vorwürfe, wo ich doch nicht aufgepasst hab. Kennst das ja nicht, dass die Leute so loslassen. Lucy und Bubbie, Parialee, die kennen das. Die sind schon als Krabbelkinder mitgekommen.«

»Alva, schon in Ordnung. Alva. Mrs. Phillips.«

»Klar hast du Angst gehabt. Carol, da muss man mehr drüber wissen. Du fühlst dich wohler, wenn du's verstehst.«

Will nicht zuhören.

»Kennst das ja nicht: zu hören, was Leute bei sich drinnen behalten, Carol. Weißt du, wie man durch Musik Dinge fühlen kann? Fröhlich oder traurig oder so, als kann man nicht stillsitzen? Das war religiöse Musik, Carol.«

»Ich muss tief atmen, hat Mutter gesagt.«

»Nicht alle fühlen Religion auf dieselbe Art. Manche haben sie im Mund, aber bei manchen ist es wie eine Hoffnung im Blut, in den Knochen. Und sie singen Lieder, da ist jedes Wort echt für sie, Carol, jedes Wort wie aus dem eigenen Leben. Und das Predigen findet einen Platz in ihren Herzen.«

Das Schreien wurde wieder schriller in ihren Ohren, hoch über Alvas geduldiger Stimme und den schwappenden, sich kräuselnden Wellen.

»Vielleicht hat jemand eine harte Woche gehabt, Carol, und das steckt dann eingesperrt drin in ihnen. Vielleicht eine ganze Menge harter Wochen, die niederdrücken.«

»Mutter, der Kopf tut mir weh.«

»Und sie sind hier zu Hause, Carol, Kirche ist ihr Zuhause. Vielleicht der einzige Ort, wo sie fühlen können, wie sie fühlen, und es rauslassen. So schaffen sie es weiter. Und das ist in Ordnung.«

»Bitte, Alva. Mutter, sag Alva, mir tut der Kopf weh.«

»Glücklich werden, nennen wir das, und das ist vor allem ein gutes Gefühl, Carol. Wenn alles raus kann, was in dir eingesperrt steckt.«

»Sag ihr, wir müssen nach Hause. Schon in Ordnung, Alva. Bitte, Mutter. Sag auf Wiedersehn. Auf Wiedersehn.«

Als ich mit Parry schwanger war und ihr Vater mich verlassen hat, ich erst fünfzehn und tausend Meilen von zu Hause, krank vor Sünde und nie wirklich gläubig, wie ich noch jetzt nicht alles glaube, voller Bitterkeit, denn was hätte es auch geholfen, ich noch im Krankenhaus und vielleicht am Schlafen, da rief eine Stimme: Alva, Alva. So traurig und so lieblich: Alva. Fürchte dich nicht, ich habe dich geliebt seit Anbeginn des Universums. Und ein kleines schmächtiges Kind zupfte mich am Kleid. Der Junge trug einen Paradestock, und obendrauf war ein Stern, der schien heller als die Sonne. Folge mir, sagte er. Und die wirkliche Sonne ging unter, und er hat den Stock versteckt. Wie dunkel es war, wie dunkel. Ich konnte die Dunkelheit mit den Händen fühlen. Und als ich sehen konnte, habe ich geschrien. Kipplaster fuhren da und entluden Leichen in die Hölle, und ein Förderband lief mit immer weiteren Seelen, erschöpfte Seelen, die sie zusammenstampfen und voranschieben mussten, und die Luft wie Feuer. Oh, nie will ich solches Schreien wieder hören. Dann sprang das kleine Kind auf ein Motorrad und bahnte einen Pfad nicht größer als mein kleiner Finger. Aber erst hat er meine Füße eingefettet mit den Händen meiner Momma, als ich noch ein Küken war. Geglänzt haben die, wie wenn die Sonne draufscheint. Augen brachte er überall rund um meinen Kopf an, und als ich hinter ihm davonflog, da dachte ich, ich würde ein Jammern hören: »Mama, Mama, du musst helfen, die Welt zu tragen.« Den Aufstieg und Fall ganzer Nationen habe ich gesehen. Und die Stimme rief wieder Alva, Alva, und ich bin in eine Welt aus Licht geflogen, wo sie in Scharen sangen: Frei, frei, wie bin ich froh.

2

Helen fing an zu weinen, als sie ihrem Mann davon erzählte.

»Du und Alva, ihr seid wohl völlig durchgedreht, dass ihr sie einfach so mitgenommen habt«, sagte Len. »Nur zu, ruinier mein bestes Taschentuch. Sei's drum, jetzt, wo sie ein warmes Bad hatte und ihr Sonntagsessen ...«

»Und lauter Trara um sie gemacht wurde«, warf die siebzehnjährige Jeannie ein.

»Sie scheint wieder wie neu zu sein. Jetzt vergiss *du* es, Helen.«

»Kann ich nicht. Etwas ... etwas Tiefgehendes ist passiert. Wenn ich oder Alva ihr doch *vorher* gesagt hätten, wie das ist ... Aber ich hab mir das nicht klargemacht.«

Du machst dir eine ganze Menge nicht klar, Mutter, sagte Jeannie, aber nicht laut.

»Alva hat also nachher darüber geredet statt vorher. Vielleicht hat das umso mehr bedeutet.«

»Ach, Len, sie hat gar nicht zugehört.«

»Das weißt du doch gar nicht, ob sie zugehört hat oder nicht. Oder was das überhaupt für eine Erfahrung für sie gewesen ist ...«

Genug, um die Kleine noch mehr auseinanderzureißen nach zwei Seiten, sagte Jeannie, aber wieder nicht laut.

»Ich war so froh, dass sie und Parry wieder zusammen irgendwo hingegangen sind. Jetzt wird das auch zwischen ihnen stehen. Len, die brauchen, die vermissen einander wirklich. Was ist in einigen wenigen Wochen passiert? Wenn ich daran denke, wie nah sie sich waren, die Stunden in ihrer Phantasiewelt, sich verkleiden und Ball spielen und Dinge sammeln ...«

»Sei nicht kindisch, Mutter.« Jeannies Stimme war schroff. »Parialee sammelt jetzt ganz was andres. Wie ihre eigenen Leute. Wie Slang-Ausdrücke und Rhythm and Blues. Und Lehrer, die sie wie eine Blöde behandeln, und weiße Kids, die sie wie Dreck behandeln; Jungs, die sie echt gut finden, und Tussis, die ...«

»Jeannie, ich weiß. Das tut weh.«

»Ja, und vielleicht tut es Parry auch weh. Vielleicht. Wenigstens hat sie ihre Leute. Aber lass nicht zu, dass es Carol auch wehtut, sie kann ja überhaupt nichts ändern. Das ist jetzt alles vorbei, sie und Parialee Phillips, abgelegt wie ihre Anziehpuppen.«

»Nein, Jeannie, nein.«

»Das ist wie mit Ginger und mir. Erinnere dich an Ginger, meine beste Freundin in der Horace-Mann-Grundschule. Aber du hast es ja kaum beachtet, als es uns passiert ist ... weil sie weiß war? Ja, Ginger, die jetzt zwei Kinder hat, die die Schule vorletztes Jahr verlassen hat. Parry wird auch nie einen Abschluss machen. Was hat sie noch mit Carrie zu tun? Sie gehen verschiedene Wege. Verschiedene Wege, verschiedene Leute. Und man fängt mit dem Sortieren an ...«

»Langsam, Jeannie. Parry ist genauso helle, genauso fähig.«

»Die sind jetzt in der Mittelstufe, Mutter. Weißt du nicht, was das heißt? Wie die sortieren? Und es geht nur darum, wohin du gehst. Ja, und Parry ist schwarz und Carrie weiß. Und auf alles musst du achten – was du anhast und wie du es trägst und mit wem du Mittag isst und wie viel Hausaufgaben du erledigst und wie du dich gegenüber der Lehrerin verhältst und worüber du lachst ... Und dass du bei deinen Leuten bleibst.«

»Ist das so endgültig?«, fragte Len. »Glaubst du nicht, dass Kinder wie Carol und Parry zeigen können, dass es so nicht sein *muss*?«

»Können sie nicht. Können sie nicht. Die lassen einen nicht.«

»Kein Grund zu schreien«, sagte er milde. »Und wen meinst du mit ›die‹, und was meinst du mit ›sortieren‹?«

Wie die sortieren. Eine Vorahnung von Begreifen stieg in Helen auf. Was hatte ihr Carol von der Begrüßungsveranstaltung am ersten Tag der Mittelstufe erzählt? Die Models, die zeigten: Wie man sich kleidet und Wie man sich nicht kleidet, und die Hälfte der Mädchen in ihren heißgeliebten neuen Kleidern, wie sie ihre Ebenbilder oben auf der Bühne beobachteten – *ihre* geraden Röcke, Pullover, Ohrringe, Lippenstift, Frisur – »Wie man sich nicht kleidet«: »schadet dem Ruf unserer Schule«. In Carols Schilderung tauchte es zwar nicht auf, aber wie Helen es sich jetzt vorstellte, hing ein stummer Schrei verletzter Würde in der Atmosphäre. Und später gab es dann diese Geschichte, wie sie auf der Suche nach irgendetwas in einen Klassenraum kam, in dem eine Lehrerin versuchte, einem Mädchen den verbotenen Lippenstift abzuwischen, während sich das Mädchen wehrte und herumfluchte. Helen hatte noch Carols erschrockenen, selbstgerechten Ton im Ohr: »… und ich hoffe, die wird von der Schule geschmissen; so eine bringt die Franklin Junior in Verruf; der ist alles egal, und immer gibt es Zoff mit ihr.« Noch nichts streifte bei diesen Vorfällen das harte Begreifen, das bevorstand … Die Male, als Jeannie und Carol Hilfe bei den Hausaufgaben brauchten, und sie sich fragten: »Was ist, wenn niemand zu Hause ist, um zu helfen, und die Lehrerinnen mit ihren zweihundertvierzig Kids am Tag können es nicht oder tun es nicht, oder die Kids fragen nicht und geraten hoffnungslos in Rückstand, was dann?« – aber auch das blieb ohne Bezug. Und wie war das damals mit Parry? »Mutter, Melanie und Sharon gehen nicht mit, wenn sie wissen, dass Parry mitkommt.« Dann gehst du natürlich mit Parry, sie ist schon länger deine Freundin, hatte sie geantwortet, aber worauf hatte sie hinausgewollt und wie war es schließlich ausgegangen? Len, mein Kopf tut mir weh, hätte sie am liebsten gesagt, mit Carols Stimme im Auto, aber Lens Augen ruhten nachdenklich auf Jeannie, die heftig hervorstieß:

»Wenn ihr es für so scheißwichtig haltet, warum müssen wir dann hier wohnen, wo man sich nichts vormacht; warum ziehen wir nicht nach Ivy wie Betsy (ja, ich weiß, das Geld), wo man schwer auf Kumpel macht, jedenfalls in der Schule, drei schwarze Kids, der Vater Arzt oder Richter oder irgendein großes Tier, und eine wird immer Schulsprecherin oder Erste im Chor oder irgend so was, um zu beweisen, wie saudemokratisch wir sind … Was wollt ihr überhaupt von dem armen Ding? Entscheide dich. Bleib mit Parry befreundet – aber bleib bei deiner Clique. Klar. Sei helle – aber keine Streberin. Immer schön nach oben, Vorbereitung aufs College, aber lasst euch nicht trennen. Ja, bleib bei deiner Clique, aber …«

»Jeannie. Du redest doch nicht über Carol, Jeannie, oder? Sag es noch mal. Ich habe nicht zugehört. Ich hab versucht nachzudenken.«

»Sie wird es nicht noch mal sagen«, sagte Len nachdrücklich, »du siehst aus, als wolltest du dir eine Carol backen. Ungefähr jeden Tag eine. Und du, Jeannie, reg dich ab. Zu viel Gesprächsstoff für eine Sitzung … Hier, kommt mal zum Fenster und seht euch genau die Carol und die Parry an, über die ihr euch so aufregt.«

Im Wind und im flirrenden Sonnenuntergangslicht sind fast alle Kinder des Blocks auf der Straße und spielen. Hüpfen herum, lassen den Ball springen, schreien durcheinander, zerren an den Frühlingsdrachen. In dem altvertrauten Einklang kicken Carol und Parry den Ball, fangen ihn, kicken, fangen. Und jetzt springt Parry auf ihrem Springstock (zum letzten Mal), dicht gefolgt von Carol, und Bubbie wölbt sich ausgelassen zu einem Halbkreis, hüpft hinter ihnen her, hoch, höher, immer höher.

Und die Monate gehen vorüber, und scheinbar ist es vergessen, außer ab und an, wenn Carol wichtigtuerisch sagt: Ich bin echt fast ohnmächtig geworden, stimmt doch, Mutter, damals, als ich mit Parry in der Kirche war?

Jetzt gehen Parry und Carol nur noch selten zusammen den Hügel hinauf. Melanies Mutter nimmt Carol im Auto mit, und die paar Mal, als Helen anregte, Parry doch auch einzusammeln, hatte Carol schnell eine Erklärung parat: »Sie ist schon weg« oder »Sie ist noch nicht fertig; wir würden zu spät kommen«.

Und nach der Schule? Carol ist immer unterwegs, trifft sich mit der Clique, ist zum Rollschuhlaufen oder in der Bibliothek oder bei einer Freundin zu Hause, und Parry kann nur an den seltenen Nachmittagen zum Kickball bleiben, wenn sie nicht nach Hause hasten muss, wo Lucy, Bubbie und die Cousins darauf warten, dass sie sich um sie kümmert, jetzt, wo Alva die Schicht von vier bis null Uhr dreißig arbeitet.

Kein gemeinsames Sich-über-die-Hausarbeiten-Beugen mehr. Das ganze Schuljahr über haben sie verschiedene

Lehrerinnen gehabt, und selten bringt Parry ihre Bücher mit nach Hause, denn wo wäre dafür Platz und Zeit und wozu überhaupt? Und nie heißt es am Telefon: Was ziehst du morgen an, bringst du was zu essen mit oder komm rüber, wir entwerfen Kleider für den Katy-Keene-Comic-Wettbewerb. Und nie kommt Parry mit Alva vor oder nach dem Samstagseinkauf für einen Snack vorbei.

Und die Monate gehen vorüber, und das Sortieren geht weiter, und anscheinend ist es vorbei an dem Tag, als Helen nicht zur Arbeit kann, so angeschwollen und fiebernd ist Carol mit Mumps.

> Am Nachmittag zuvor war Parry da gewesen, war die Treppe hochgeflogen und hatte Bücher und Mappen aufs Bett geworfen: He, du Bettgespenst, Schluss damit, dass du pennst, deine Momma hat um Schulaufgaben gebettelt, was *hat* sie nur gegen dich? ... Sie sieht sie einmal an, dann gar nicht mehr, redet schnell ... He, du bist *auf*geblüht. Du wirst noch dein eigener Kürbis, für Halloween? Weiß deine Momma schon, es ist Mu-umps? Oder Plumps. Momma sagt: Halb so schlimm, sie kommt morgen früh vorbei, will sehn, brauchst du irgendwas, solange deine Momma arbeiten ist ... (Singt: *whole lotta shakin goin on.*) Hier, deine Schulaufgaben; Miss Felsenfresse sagt, die Lehrerinnen sollten das besser aufschreiben, ich könnte es vermasseln.
>
> > *Aber was sie nicht erzählt:* Arbeitet deine Mutter für Carols Mutter? Ah, ihr seid Nachbarn! Sehr schön, ich schicke jemand, der Carols Schließfach öffnet, aber

du darfst nur die Sachen nehmen, die ich hier aufschreibe, sonst nichts. Jetzt sag mir nach: Miss Campbell vertraut darauf, dass ich ein braves verantwortungsvolles Mädchen bin. Und geh direkt zu Carols Haus. Nach der Schule. Nirgendwo unterwegs haltmachen. Nichts verlieren. Und du nimmst nur! Was auf der Liste steht! Willst du dich wirklich mit diesem blöden Buch rumschlagen? Auf *meinem* steht: Nicht vor Weihnachten öffnen … Mrs. Fernandez, das Schätzchen, hat als Einzigste nichts mitgegeben, sie sagt, werd gesund und lies ein Buch, über das du was erzählst, wenn dir danach ist, und wer könnte sich besser um dich kümmern als ich; sie ist die Allerallerbeste, ich hätte die gerne, aber sie unterrichtet nur Fortgeschrittenenkurse … Sie streift mit dem Finger an den alten zerlesenen Büchern auf dem Regal entlang, schlägt aber keins auf, um daraus wie früher spöttisch vorzulesen … Vicky, die f. F. von Eddie, die fliegt bestimmt, im Büro von der Felsenfresse brüllt sie die Felsenfresse an: Du Stinkzicke, du scheißt mich nicht mehr an – die Vicky, die hat's echt drauf. Starrt aus dem Fenster, als wäre der Baum nicht da, auf dem sie sich oft zusammen versteckt und geschaukelt hatten … Echt. (*Keep mo-o-vin.*) Hab ein neues Top in Pink, und der Rock lila. Sieht doch scharf aus, mit dem Violett? Schnallt den weiten Gürtel enger, als wäre sie begeistert von dem, was neuerdings darüber und darunter zu schwellen beginnt. Kann ich Samstagabend im

Sweet's tragen, die Modernaires mit »Sounds of Joy«, Leroy und Ginny gehen hin, falls Momma zu Hause bleibt. Falls. (*Shake my baby shake.*) Komisch, dass die Alten immer noch auf Party wollen. Was?, fragt sie Rembrandts müdes altes Gesicht, das von der Wand schaut. Komisch (sanft), dass du schon so lange hin bist. Lehnt sich mit dem Gesicht schnell an seins, ganz leicht. Bei deinem nächsten Mumps ist deine Dickedickefreundin Melanie dran, deinen Kram ranzuschaffen. *Ich* schwirr jetzt ab. He, du Fer-kel-chen, schläfst mit wer weiß was. Nimmt die Bücher und Hefte, legt sie auf der Kommode eins nach dem anderen hin und malt auf jeden Umschlag ein – amüsiertes oder spöttisches oder verwundertes – Lippenstiftgesicht. Besser so. Schüttelt den Quilt auf und glättet ihn übertrieben energisch. Jedes Fitzelchen, wo ich kriegen kann, muss nämlich losdüsen. Schleudert das mehrere Jahre alte Arm-in-Arm-Foto von der Zeugnisfeier hoch, fängt es auf und steckt es geschickt verkehrt herum in seine Spiegelspalte. So, Chef. Soll ich dir noch was zu zischen holen oder Bitzelwasser oder Limo? Malt ein Stirnrunzeln in eines der Buchgesichter. Zupft an dem papiernen Fischdrachen, der japanischen Windglocke an der Decke, versetzt das Mobile, das sie früher aus bemalten Eierschalen und Strohhalmen gebastelt haben, in Drehung und Schaukeln. Und ist weg.

Später, in ihrem Fieber, redete sie mit den Lippenstiftgesichtern, versuchte auf dem Kopf zu stehen, damit das

Foto stimmte, drehte sich und machte Klingelgeräusche zusammen mit dem Gefuchtel an der Decke.

Schlief endlich ein nach der zerrütteten Nacht. Hatte sich umgeben mit den Gegenständen jener Kindheitswelt, und kaum hatte sie gelernt, sich darin wohlzufühlen, musste sie sie verlassen.

Das Puppenhaus steht da zum Ein- und Umräumen; die Muschel- und Postkartensammlungen zum Neusortieren und Erinnern; die ganze Puppenschar, der kleinen Schwester geschenkt, zurückgeborgt, aufrecht sitzend, um an- und ausgezogen und liebkost zu werden.

Sie hat das Nachthemd abgeworfen wegen des Fiebers, und die gerade erst knospende Brust liegt frei, als sie sich nach dem schlaffen Plüschhund reckt, der ihr Kindheitskissen gewesen ist.

Um keinen Preis hätte Helen sie gestört. Nur jetzt, in der Ungewohntheit eines Morgens zu Hause, in der zermürbten Unruhe nach der schlaflosen Nacht, knipst sie das Radio an – und ein Sturm von Gesangswirbeln fegt in das Zimmer:

> … *aus Plagen gemischt mit Feuer*
> *Kommt, meine Brüder, kommt höher und höher*
> *Watet watet …*

Und Carol läuft die Treppe hinunter und schreit und schreit. »Mach das aus, Mutter, mach das aus.« Stürzt selbst zu dem Drehknopf und zerrt daran, so dass sie ihn in der Hand hält.

»Ohhhhh«, würgend und krampfhaft, während Helen sie zu halten, zu beruhigen versucht.

»Mutter, warum haben sie so gesungen und geschrien?«

»In Parrys Kirche?«

»Ja.« Wiegt sich hin und her, erstickt das Schreien. »Ich höre es die ganze Zeit.« Klammert sich flehentlich an: »Was war das, Mutter? Wieso?«

Gefühl, überlegte Helen, könnte sie erklären, *eine Charakteristik der Religion aller unterdrückten Völker, ja deiner eigenen Urgroßeltern* – könnte sie sagen. Und lässt es sein.

Bist du nicht jetzt, hast du nicht jetzt Gefühle in dir, die so stark sind, dass sie irgendwie rauskommen? (»Geheul – vom Anstand niedergehalten«) – könnte sie sagen. Und lässt es sein.

Sagen, was Alva gesagt hat: *Hoffnung … jedes Wort wie aus dem eigenen Leben. Ein Ort zum Loslassen. Und Kirche ist ihr Zuhause.* Und lässt es sein.

Die besondere Geschichte der Schwarzen – Geschichte? – einfach nur zu leben versuchen, was jeden Tag gelebt werden muss – könnte sie sagen. Und lässt es sein.

Und sagte nichts.

Und sagte nichts.

Und tröstete und hielt fest.

»Mutter, eine Menge Lehrerinnen und Kinder können Parry nicht leiden, wo sie doch nicht einmal wissen, wie sie ist. Nur weil …« Wiegt sich wieder hin und her, krampfhaft und beschämt. »Und ich bin auch nicht wirklich mehr ihre Freundin.«

Nichts Neues. Verrat und Scham. Wer hat verraten? Wessen Scham? Sie rang sich durch laut zu sagen: »Könntet aber wieder Freundinnen werden. So wie Alva und ich.«

Das Schluchzen ein Wispern. »Vicky, weißt du, die damals so komisch war, als ich ohnmächtig geworden bin, die ist in meiner Schule. Immer wieder benutzt sie Lippenstift, und die wischen ihn ihr ab, und immer kriegt sie Ärger, und jetzt fliegt sie vielleicht von der Schule. Mutter.«

»Ja, Lämmchen.«

»Draußen benimmt sie sich ganz schlimm, aber ich weiß noch, wie sie in der Kirche war, und immer wenn ich sie jetzt sehe, muss ich daran denken. Und hören … als wäre ich sie, Mutter, als wäre ich sie.« Klammert sich weiter an die Mutter und zittert. »Oh, warum fühlt es sich so an, als ob es mir passiert? – Mutter, ich will das alles vergessen, mich nicht drum kümmern – wie Melanie. Warum kann ich nicht vergessen? Warum ist das bloß so, und warum muss es mich kümmern?«

Streicheln, beruhigen.

Denkt: *Kümmern verlangt nach Handeln. Es ist eine langsame Taufe im Meer der Menschheit, meine Tochter. Besser eintauchen, als unberührt zu leben … Aber wie wirst du durchhalten?*

Warum ist das bloß so?

Sie hält ihre Tochter fest in den Armen, trauert über die Illusion der Umarmung.

Und warum muss es mich kümmern?

Während in ihr die eigene Not aufsprang und zu einem Ort der Stärke stürzte, den es nicht gab – wo man schreien und trauern konnte, während alle verstanden und akzeptierten und behandschuhte liebevolle Hände Unterstützung und Verständnis bereithielten.

1956

Für Margaret Heaton, die immer gelehrt hat

(Leiterin der San-Francisco-Schools)

Erzähl mir ein Rätsel

1

Siebenundvierzig Jahre waren sie verheiratet. Wie weit zurück die störrischen, knorrigen Wurzeln des Streitens reichten, konnte niemand sagen – doch jetzt, da es sie nicht mehr aneinanderkettete, sich um die Bedürfnisse anderer zu kümmern, schwollen die Wurzeln sichtlich an, spalteten die Erde zwischen ihnen, und das Auseinanderbrechen erschütterte sogar die Kinder, die lange schon erwachsen waren.

Warum jetzt, warum jetzt?, jammerte Hannah.

Als ob es nicht gereicht hätte, als wir aufwuchsen, sagte Paul.

Arme Ma. Armer Dad. Beide tun einem so leid, sagte Vivi. Sie haben nie viel gehabt; wenigstens im Alter sollten sie glücklich sein.

Bringt die Streithähne zur Vernunft, insistierte Sammy; sagt ihnen: Ihr seid zu alt für so was; kein Grund, jetzt nicht mehr miteinander klarzukommen.

Lennie schrieb an Clara: Sie haben so viel zusammen durchgemacht; was kann sie jetzt bloß auseinandergerissen haben?

Durchaus etwas Konkretes.

Arthritische Hände und das, was ihm so an Gelegenheitsarbeit zufiel. Armut sein Leben lang und nur noch wenig Atem beim Laufen. Er konnte es nicht, konnte dieses Verlangen nicht unterdrücken: die Last der Verantwortung, die Geldprobleme ein für alle Mal hinter sich bringen; frei sein, frei von *Sorgen*, dort sein, wo der Erfolg nicht durch angehäuften Reichtum bemessen wurde und man Verwendung hatte für die Vitalität, die noch in ihm steckte.

Es gab eine Möglichkeit. Sie könnten das Haus verkaufen und mit dem Geld in das Altersheim seiner Loge einziehen, ins Haven, eine Kooperative. Glückliches Gemeinschaftsleben, und war er nicht schon Amtsträger, hatte er nicht mitgeholfen, das Ganze zu organisieren, als Treuhänder gedient?

Aber sie – wollte es nicht einmal in Betracht ziehen.

»Wozu brauchen wir das alles hier?«, fragte er laut, denn ihr Hörgerät war leise gestellt, und der Staubsauger pfiff schrill. »Fünf Zimmer« (er schob das Sofa beiseite, damit sie in die Ecke konnte), »Möbel« (er glättete den Teppich), »Böden und Oberflächen, alles macht Arbeit. Sag mir, warum brauchen wir das?« Und er war froh, dass er das schreiend fragen konnte.

»Weil ich's gewohnt bin.«

»Weil du's gewohnt bist. Das ist ein Grund, Mrs. Mundfaul? Gewohnt sein kann zu ungewohnt werden!«

»Genug Ungewohntes, an das ich mich schon gewöhnen muss … Nicht genug Wörter?« Sie stellte den Staubsauger einen Augenblick ab, um ihre eigene Antwort zu hören. »Weil wir schon bald nur ein Kämmerchen brauchen, ohne Fenster, keine Möbel, nichts, was Arbeit macht, außer den Würmern. Weil ich jetzt Raum brauche … Kreisch nur und pump dich auf wie gerade eben, und du wirst das Kämmerchen noch eher brauchen … Ha, schon wieder!« – der Staubsaugerbeutel heulte, blähte sich halb auf, blieb störrisch schlaff hängen. »Reparier's diesmal so, dass es auch hält; mach schnell, bevor das Telefon klingelt und du zu beschäftigt bist mit deinen Wichtigkeiten.«

Aber während er sich mit dem Motor abmühte, kochte es in ihm. Warum ihn reparieren? Warum sich darum kümmern? Und wenn man's nicht selbst hinkriegt, warum sich den Kopf zerbrechen, wie man die Reparatur bezahlt? Im Haven kommen sie mit ihren eigenen Geräten an und machen dein Zimmer oder dein Häuschen sauber; du gehst angeln oder spielst Karten oder reißt im Sonnenschein Witze und plagst dich nicht mit knotigen Fingern ab, Staubsauger instand zu setzen.

Beim Abwasch schmeichelte er: »Wenigstens einmal im Leben frei sein, alles wird für einen getan, ganz wie bei einer Königin.«

»Königinnen hab ich nie gemocht.«

»Kein Spülen, kein Müll, kein Scheuertuch mehr einweichen müssen, keine Sorge, was man einkaufen, was man essen soll.«

»Und was würde ich dann mit meinen leeren Händen machen? Besser am eigenen Tisch essen, wann ich will, und kochen und essen, was ich will.«

»In den Häuschen kaufen sie dir, worauf du Lust hast, und kochen so, wie du es magst. *Du* bist diejenige, die immer gesagt hat: Besser wär's, die Menschheit wäre ohne Mund und Magen geboren, als sich ständig ums Geld zu sorgen für Erledigungen, Einkäufe, Reparaturen, Essen, Wäsche, Reinigung.«

»Wie geschickt du verheimlicht hast, dass du's gehört hast. Damals hab ich es gesagt, weil ich achtzehn Stunden am Tag auf Trab war. Und du niemals eine Möhre geschabt oder gewusst hast, dass ein Geschirrtuch schnell feucht wird. Und jetzt – für dich und mich – wen juckt's? Ein Rollmops aus dem Glas reicht doch. Aber wenn es *mir* passt und ich niemand fragen muss.« Und sie schaltete den kleinen Knopf im Ohr aus, um ja nichts hören zu müssen.

Aber weil *er* keine Ruhe fand, wenn er immer aufs Neue mit dem Geld jonglierte, um herauszubekommen: Wie kriege ich das jetzt bezahlt?; wenn er die Doppelfenster herausstemmte (dort kümmern sie sich darum); wenn er bei Besorgungen in der Straßenbahn durchgerüttelt wurde (dort müsste ich nicht herumkutschieren, um mich um dies oder das zu kümmern); wenn er bei der gönnerhaften Verwandtschaft, gerade aus Florida zurückgekehrt, dagegenhielt (im Haven gilt, was man ist, und nicht, was man sich leisten kann), ließ er *ihr* keine Ruhe.

»Sieh mal! In ihrem Mitteilungsblatt. Ein Lesezirkel. Trifft sich zweimal die Woche.«

»Hmhmhm.« Ihre Antwort, wenn sie nicht zuhörte.

»Ein Lesezirkel. Tschechow lesen sie, den magst du doch, und Perez. Kultivierte Leute im Haven, mit denen du Spaß haben würdest.«

»Spaß!« Sie ließ das Wort auf der Zunge zergehen. »Jetzt, wo es dir passt, findest du einen Lesezirkel für mich. Und vor vierzig Jahren, als die Kinder noch halbe Portionen waren und als es tatsächlich einen Zirkel gab, bist du da einmal mit ihnen zu Hause geblieben, damit ich hinkonnte? Ein einziges Mal? Du hast mich gut dressiert. Ich brauche keine anderen, um Spaß zu haben. Andere!« Ihre Stimme zitterte. »*Du* willst nämlich dort mit anderen sein. Mir wird schon jetzt übel, wenn ich dran denke, wie du immer um die anderen scharwenzelst. Clown, Grimassenschneider, Fußabtreter, Duckmäuser, Entertainer, was immer die von dir wollen.«

Und nun war er es, der den Fernseher laut stellte, um ja nichts zu hören.

Altes Narbengewebe platzte auf, und die Wunde eiterte von neuem. Ach ja, Tschechow. Sie dachte ohne Rührung an jene junge Frau, die in späten Nachtstunden, während sie das jeweils neueste Baby stillte und vielleicht ein anderes im Schoß hielt, wach zu bleiben versuchte in der einzigen Zeit, die ihr zum Lesen blieb. Sie fühlte wieder das Wetter von draußen auf seiner Wange, wenn er, spät von einer Versammlung kommend, sie so vorfand und angeregt und feurig an ihrer Haut schnupperte und sie überredete: »Ich bring das Baby ins Bett und du – leg das Buch beiseite, lies nicht, lies nicht.«

Das war das Trügerischste von all den »Lies nicht, leg das Buch beiseite«, aus denen ihr Leben bestanden hatte. Ach ja, Tschechow!

»Geld?« Sie tat ihn mit einem Achselzucken ab. »Könnten wir denn noch ärmer werden als früher? Und in Amerika, wer verhungert da schon?«

Aber weil er weiter drängte:

»Lass mich mit dem Geld in Ruhe. War jemals genug da? Sieben kleine Mäuler – um jeden Penny musste ich bitten –, und manchmal, erinnere dich, war überhaupt keins da. Aber *ich* musste immer zurechtkommen. Jetzt bist *du* dran. Schreib's dir hinter die Ohren.«

Aber aus jenen Jahren, in denen sie hatte zurechtkommen müssen, tauchten alte Demütigungen und Schrecken auf, wurden wieder lebendig und zwangen sie, alles erneut zu durchleben. Die Bedürfnisse der Kinder; das Gesicht des Lebensmittelhändlers oder jene Kaufmannsfrau, die sie um Kredit hatte bitten müssen, als Kredit eine Schande war; der Anblick der langen Häuserblocks, die sie mied, wenn sie nicht bezahlen konnte; Schulanfang und das verzweifelte Überprüfen alter Kleidung, um zu sehen, was sich noch aufarbeiten ließ; die Suppen aus Fleischknochen, die sie »für den Hund« erbettelt hatte in einem Winter ...

Genug davon. Jetzt hatten sie keine Kinder. Sollte *er* sich doch das Hirn zermartern, wie sie leben würden. Sie würde ihre Einsamkeit für nichts anderes eintauschen. *Nie wieder gezwungen zu sein, sich im Rhythmus der anderen zu bewegen.*

Denn in dieser Einsamkeit hatte sie zu einem versöhnlichen Frieden gefunden.

Gelassenheit, da das leere Haus nicht länger ihr Feind war, es blieb ja sauber – nicht wie in den Tagen, als es ihre Familie war, das Leben darin, die der Feind zu sein schien: die Schmutzspuren hinterließ, herumschmierte, zumüllte, verdreckte, sie in einen endlos zum Scheitern verurteilten Kampf verstrickte – und die ihr endloses Scheitern abbekam.

Die wenigen alten Bücher, die sie fast schon auswendig kannte vom Immer-wieder-Lesen; die Bilder zum Nachsinnen (das Vergrößerungsglas über ihren starken Brillengläsern). Oder, wenn ihr danach ist und er nicht zu Hause, der Plattenspieler, den sie überlaut aufdreht, und wenn sie sich anstrengt, kann sie sie hören, die geordneten Töne und die miteinander kämpfenden.

Draußen im Garten will Wachsendes gepflegt werden.

Vögel vom Birnbaum fernhalten, und wenn die Birnen schwer und reif sind, die alte Arbeitswut, denn alles muss eingemacht, nichts darf vergeudet werden.

Und ihre einzige soziale Verpflichtung (denn zu irgendwelchen Mittagessen oder Versammlungen wird sie nicht gehen) die Kartons mit alter Kleidung, die man ihr bringt, ihrem lebenslang geübten Auge, das auswählt, was unter dem Verschlissenen noch tragbar ist (wieder das Vergrößerungsglas über der starken Brille), es scharf mustert und sortiert – dies für die Wohlfahrt oder den Flohmarkt, das zum Ausbessern und Waschen und das zum Wegschicken.

Endlich fähig sein, von innen her zu leben und sich nicht im Rhythmus der anderen zu bewegen, wozu das Leben sie gezwungen hatte: durch Vorenthalten; Entfernen; Isolieren; Wegnehmen der Kinder, eins nach dem anderen; dann Ertauben und halb Erblinden – und schließlich das Geschenk ihrer Einsamkeit.

Und darin hatte sie zu einem versöhnlichen Frieden gefunden.

Jetzt störte er diesen mit seinem ständigen Werbefeldzug: *Das Haus verkaufen und ins Haven ziehen.* (Du sitzt und sitzt da – dort kannst du auch sitzen wie ein Stein.) Er machte aus ihr ein Schlachtfeld, auf dem alte Demütigungen sie zerrissen. (Schalt dein Hörgerät an – ich rede mit dir.) Und hartnäckig widersetzte sie sich – so dass er nach Schmeicheln, Argumentieren, Drängeleien jetzt mit Bitterkeit anfing.

Und es kam so weit, dass alles und jedes einen Streit auslöste.

»Ich werde das Haus auf jeden Fall verkaufen«, schleuderte er ihr eines Abends entgegen. »Ich schreibe es zum

Verkauf aus. Es wird schon ein Mittel geben, dass du unterschreiben musst.«

Der Fernseher plärrte wie immer an den Abenden, wenn er zu Hause blieb, und wie immer erreichte sie davon nur ein Geräusch. Sie wusste nicht, ob das Lärmen in ihr war oder draußen. Klack! Sie stellte den Ton ab. »Schatten«, flüsterte sie ihm zu und zeigte auf den Bildschirm, »sieh doch, nur Schatten.« Und aufschreiend: »Hast du gesagt, dass du das Haus verkaufen wirst? Kuck mich an, nicht dorthin. Ich bin kein Schatten. Du kannst nicht ohne mich verkaufen.«

»Lass den Fernseher an. Ich kuck was.«

»Wie Paulie, wie Jenny, eine Vierjährige. Auf Schatten starren. *Du kannst das Haus nicht verkaufen.*«

»Ich werd's aber tun. Wir gehen ins Haven. Dort würdest du den Fernseher nicht hören, wenn du es nicht willst. Ich könnte im Gemeinschaftsraum sitzen und fernsehen. Du könntest dich einsperren und allein in einem Zimmer riechen, wie sauertöpfisch du bist – wer möchte schon in deiner Nähe sein?«

»Nein, kein Verkauf.« Ein Flüstern mittlerweile.

»Fernsehen ist Schatten sehen. Mrs. Aufgeklärt! Mrs. Gebildet! Eine Welt kommt zu dir nach Hause – und es sind Schatten. Menschen, die du in tausend Leben nicht treffen würdest. Wunder. Als du vier Jahre alt warst, wie Paulie, wie Jenny, hast du da was von den Tänzen der amerikanischen Ureinwohner gewusst, von Alligatoren, davon, wie sie Bambus in Malaya nutzen? Nein, du hast im Dreck mit den Hühnern gescharrt und gemeint, Wilschana sei die Welt. Ja, Mrs. Sauertöpfisch, ich werde das Haus verkaufen, denn dort hätten wir einander nicht mehr so am Hals wie hier.«

Sie wusste nicht, ob das Lärmen draußen war oder in ihr. Immer ein Fiebern im Inneren, ein Drang zum Bett, sich hinzulegen, nachzugeben.

»Hast du mal dran gedacht, dass sich Ma vielleicht von einem Arzt untersuchen lassen sollte?«, fragte ihr Sohn Paul nach dem Sonntagsessen, als er seine Mutter ansah, die zusammengekrümmt auf der Couch lag, statt wie sonst in Nancys Küche zu wirken.

»Warum nicht gleich vom Präsidenten?«

»Nein, ernsthaft, Dad. Das ist der dritte Sonntag, dass sie sich nach dem Essen hinlegt. Ist das auch zu Hause so?«

»Eine regelrechte Liebesgeschichte mit dem Bett. Jedes Mal, wenn ich anfange, mit ihr zu reden.«

Eine gute Schutzreaktion, sagte Nancy sich. Die Funktionsweise von Feind-selig-keit.

»Nancy könnte sie hinbringen. Mir gefällt einfach nicht, wie sie aussieht. Lass Nancy doch einen Termin vereinbaren.«

»Glaubst du, sie wird gehen?« Er sah mit düsterer Miene seine Frau an. »Na schön, wir müssen also Arztrechnungen haben, auch noch Arztrechnungen.« Und lauter: »Tut dir was weh?«

Sie schreckte hoch, schaute auf seine Lippen. Er wiederholte: »Mrs. Immer-mit-der-Ruhe, tut was weh?«

»Nein … Nur du.«

»Was für ein Sweetheart. Deswegen legst du dich hin?«

»Gleich steh ich auf und mach den Abwasch, Nancy.«

»Lass gut sein, Mutter, mir ist es lieber so.«

»Mrs. Immer-mit-der-Ruhe, Paul sagt, du solltest mit Ballett anfangen. Du solltest zum Arzt gehen und fragen, wie schnell du mit Ballett anfangen kannst.«

»Zum Arzt?«, fragte sie nach. »Ballett?«

»Wir haben uns unterhalten, Ma«, erklärte Paul, »dir scheint es nicht allzu gut zu gehen. Es wäre angebracht, wenn du zum Arzt gingst für einen Check-up.«

»Ich steh jetzt auf und mach die Küche. Ärzte heißt doch nur Rechnungen und Unsinn, mein Sohn. Ich brauche keine Ärzte.«

»Im Haven«, konnte er sich nicht verkneifen hinzuweisen, »heißt Arzt *nicht* gleich Rechnungen. Er wohnt in unmittelbarer Nähe. Du fängst an zu niesen, er ist da, bevor du dir ein Kleenex aus der Box ziehst. Du kannst dort krank sein, kostet nichts, ganz wie es beliebt.«

»Dünnschiss des Mundes, gibt's dort einen Arzt, der dich stumm machen kann?«

»Ma. Versprich mir, dass du hingehst. Nancy wird alles arrangieren.«

»Eigentlich läuft alles aufs Selbe raus«, sagte Nancy, »die Art und Weise, wie sie meine Küche in Angriff nimmt, unter jedem Tassenhenkel scheuert, das Innere des Ofens schrubbt, so dass mir das Sonntagsessen keine Freude macht, ich weiß ja, halbblind oder nicht, sie entdeckt jeden Schmutzfleck ...«

»Nicht doch, Nancy, ich hab's dir schon gesagt – es ist die einzige Art, die sie kennt, sich nützlich zu machen. Was hat der *Arzt* gesagt?«

»Die reinste väterliche Belehrung. Neunundsechzig sei heutzutage jung. Gehen Sie raus, genießen Sie das Leben, entwickeln Sie Interessen. Schaffen Sie sich ein neues Hörgerät an, das hier ist antiquiert. Alter ist Krankheit nur, wenn man es dazu kommen lässt. Geriatrie AG.«

»Da war also nichts Körperliches.«

»Natürlich war da was. Wie kann man so für sich leben wie sie, ohne was zu haben? Hinweise auf eine Nierenerkrankung, und ihr Blutbild ist schlecht. Er hat ihr eine Diät verschrieben, und sie muss zur Kontrolle und zu Laboruntersuchungen noch mal hin … Aber er war unmissverständlich: Rezept Nr. 1: Leben Sie von nun an wie ein Mensch … Wenn ich an deinen Dad denke, der bei seiner Arthritis wirklich den Invaliden ausspielen könnte, aktiv wie ein Teenager und doppelt so amüsant …«

»Du hast mir nicht erzählt, dass der Arzt gesagt hat, deine Krankheit liegt in dir, also daran, wie du lebst.« Er nutzte die Gelegenheit voll aus. »Leben und Spaß brauchst du viel mehr als Medizin. Und diese Diät, wie kannst du die überhaupt halten? Jedes Fitzelchen wiegen und jedes bisschen Fett abkratzen, dieses Süppchen machen, diesen Pudding. Dort im Haven haben sie eine Ernährungsberaterin, die würde alles für dich erledigen.«

Sie bleibt still.

»Dir würde es dort besser gehen, das weiß ich«, sagt er sanft. »Dort ist ständig was los und viel Spaß zu haben.«

»Was ist mit dir, Mr. Hochbeschäftigt, hast du kein Kartenspiel oder keine Versammlung, wo du hinkannst?« – und dreht ihr Gesicht zum Kissen.

Eine Zeitlang schränkte er seine Versammlungen und seine Aktivitäten ein, kümmerte sich betont um ihre Diät, versuchte, sie zu beschwatzen, das Haus zu verlassen, brachte Besucher mit:

Ich soll zu einem Tee mit Modenschau. Ich soll dasitzen und mir hübsche Dinger in Kleidern ansehen, die ich nicht kaufen kann. Das ist Vergnügen?«

»Immer bist du was Besseres als alle anderen. Der Arzt hat gesagt, du sollst ausgehen. Mrs. Brem kommt in aller Freundlichkeit zu dir, und du vertreibst sie.«

»Weil *du* sie darum gebeten hast, ist sie gekommen.«

»Sie alle kommen nicht wieder. Leute, die du brauchst, hat der Arzt gesagt. Deine eigenen Cousinen habe ich gebeten; sie waren bereit, zu kommen und sich zu versöhnen, als wäre nichts gewesen ...«

»Keine Plagegeister, Streber, Heuchler mehr um mich herum. Keine mehr in *meinem* Haus. Du kannst zu denen gehen, wenn du willst.«

»Lieb von ihm vorbeizuschauen. Und du eiskalt.«

»Ein Schwätzer. Mein ganzes Leben umgeben von Schwätzern. Es reicht!«

»Ist es mit ihr noch schlimmer geworden, Dad? Dann lass sie eine Weile schmoren«, riet Nancy. »Du kannst nicht zulassen, dass es dich kaputtmacht; es ist was Psychisches, vielleicht schon zu weit fortgeschritten, als dass einer von uns helfen könnte.«

Und so ließ er sie schmoren. Immer häufiger lag sie still im Bett, und manchmal stand sie nicht einmal auf, um Essen zu kochen. Auch folgte nicht zwangsläufig die Standpauke, wenn er die Kaffeetasse dort stehen ließ, wo sie nicht hingehörte, oder vergaß, den Müll rauszubringen, oder den Besen am falschen Platz abstellte. Die Vögel wurden in diesem Sommer kühn und konnten endlich einmal Pockennarben in die Birnen picken, ganz ungestört.

Überströmende Bitterkeit und jeden Tag derselbe Streit in neuer Form und eine andere alte Kränkung, auf die sich einzulassen, sie wieder zu erleiden der Streit sie zwang. Und die neue Qual: Ich bin nicht wirklich krank, hat der Arzt gesagt, warum ist mir dann so schlecht?

Eines Abends bat sie ihn: »Hast du heute eine Versammlung? Geh nicht. Bleib ... bei mir.«

Er hatte vorgehabt, die BBC-Doku »This Is Your Life« anzusehen, aber selbst halb krank von der drückenden Hitze und sich daher umso heftiger nach den Bächen und dem Wald von Haven sehnend, kläffte er voller Genugtuung:

»Ha, Mrs. Ich-leb-allein-und-mag-es will urplötzlich Gesellschaft. Die Zeit des Alleinlebens scheint wohl doch nicht so attraktiv gewesen zu sein als Verbannte in Sibirien. ›Geh nicht. Bleib bei mir.‹ Ein neues Lied für Mrs. Frei-wie-ein-Vogel. Ja, ich gehe aus, und während ich weg bin, kau du dein Alleinsein gründlich durch und denk dran, wie du uns beide von dort fernhältst, wo man, wenn einem der Sinn nach Menschen steht, nicht allein sein muss.«

»Geh schon, geh schon. Dein Leben lang bist du ohne mich losgezogen.«

Schluchzend schickte sie ihm Flüche hinterher, die er seit Jahren nicht mehr gehört hatte, Flüche aus der alten Heimat ihrer Kindheit: Wachsen sollst du wie eine Zwiebel, mit dem Kopf in der Erde. Sollst sein wie das Fell einer Trommel, geschlagen im Leben, geschlagen im Tod. Oh, sollst sein wie eine Lampe, hängen bei Tag und brennen in der Nacht ...

Sie war nicht im Bett, als er zurückkam. Sie lag auf der Pritsche in der Veranda. Die ganze Woche redete sie nicht und mied seine Nähe; und auch er war nicht willens, Frieden zu schließen oder sich um sie zu kümmern.

Er schlief schlecht, so gewöhnt daran, sie an seiner Seite zu haben. Nach all den Jahren altvertraute Übereinstimmungen und Abhängigkeiten tief in ihren Körpern; sie schmiegte sich an ihn, oder er rollte sich an sie, jeder gewärmt, wärmend, sich umdrehend, wenn der andere sich umdrehte, die Nächte eine lange Umarmung.

Es war nicht das leere Bett oder das Gewitter, das ihn weckte, sondern ein schwaches Singen. *Sie* sang. Und so sah er sie, Regentropfen abschüttelnd, ihr erhobenes Gesicht durch den Blitz gespalten; die Decken von der Pritsche auf dem Boden.

»Ist das ein Privatkonzert?«, fragte er. »Komm rein, du bist nass.«

»Ich kann jetzt richtig atmen«, antwortete sie, »meine Lunge ist ganz voll.« Allerdings war der Ton kaum mehr als ein Hauch.

»Komm rein, komm doch rein.« Er ließ die Bambusrollos runter. »Sieh doch, wie nass du bist.« Halb stützte er, halb trug er sie, die weiter ihr Lied hauchte.

Ein russisches Liebeslied von vor fünfzig Jahren.

Er hatte einen Käufer gefunden, aber bevor er es ihr sagte, rief er die Kinder zusammen, die nahe genug wohnten und kommen konnten. Paul natürlich, Sammy aus New Jersey, Hannah aus Connecticut, Vivi aus Ohio.

Mit neu erwachter Energie brachte sie das Haus für ihre geliebten Besucher in Ordnung, kochte und backte. Sie war nicht vorbereitet auf die feierliche Klausur nach dem

Essen, die allzu forschenden Blicke zerrten an ihr. Ihre erschrockenen Augen glitten aufmerksam von Mund zu Mund, wenn einer sprach.

Beredt und lustig waren seine Geschichten über ihre Weigerung, den Arzt erneut aufzusuchen; über verschmähte Einladungen; über ihr störrisches Schweigen oder den bitteren Gallenfluss, gewaltig »wie der Niagara«; ihre Widersprüchlichkeit: »Wenn ich putze, taugt es nichts, wie ich geputzt habe; wenn ich nicht putze, bin ich eben der Master, der glaubt, er hätte eine Sklavin.«

(Essig hat er sein Leben lang über mich geträufelt; ich bin gut mariniert; wie kann ich jetzt Honig sein?)

Zügig marschierte er voran, überzeugt von der Richtigkeit, ins Haven zu ziehen: ihr Geld von der Sozialversicherung zur freien Verfügung, um die Kinder zu besuchen, und nicht geschluckt vom täglichen Bedarf und dem Haus; die Aktivitäten im Haven für ihn; vor allem aber das Haven für *sie:* ihre Gesundheit, ihre Pflegebedürftigkeit, Ablenkung, Unterhaltung und Freunde, die ihre Interessen teilen.

»Das ist für Dad der Ausweg«, sagte Paul; »er war schon immer so ein aktiver Mensch. Und finanzielle Seelenruhe ist auch nicht zu verachten. Ich selbst könnte gut was davon gebrauchen.«

Als sie aber fragten: »Und du, Ma, was hältst du davon?«, nur ein Flüstern:

»Für ihn ist es gut. Nicht für mich. Ich kann nicht mehr unter Menschen leben.«

»Du hast doch dein ganzes Leben *für* Menschen gelebt«, rief Vivi aus.

»Nicht mit.« Und litt doppelt wegen des Elends auf den Gesichtern ihrer Kinder.

»Ihr müsst einen Kompromiss finden«, beharrte Sammy. »Vielleicht das Haus verkaufen und einen Wohnwagen anschaffen. Nach siebenundvierzig Jahren findet sich doch sicher eine Möglichkeit, wie ihr in Frieden zusammenleben könnt.«

»Nichts zu machen, meine Kinder. Wir brauchen verschiedene Dinge.«

»Dann leb doch allein!« Er konnte sich nicht länger beherrschen. »Ich habe einen Käufer für das Haus. Die Hälfte des Geldes für dich, die andere Hälfte für mich. Entweder allein oder mit mir ins Haven. Glaubst du etwa, ich kann so weiterleben wie bisher?«

»Ma muss sich nicht gleich entscheiden, egal, wie du das empfindest, Dad«, sagte Paul schnell, »und du würdest das auch nicht von ihr wollen. Lassen wir's ein paar Monate ruhen und reden dann noch mal darüber.«

»Ich denke, ich krieg das hin, dass Mutter für eine Weile bei mir wohnt«, sagte Hannah. »Ihr beide seht fürchterlich aus, aber besonders du, Mutter. Ich werde Phil bitten, dass er dich mal anschaut.«

»Na klar«, grinste Sammy. »Wozu nützt ein Arzt als Ehemann, wenn dabei nicht auch mal eine freie Behandlung für die Familie herausspringt? Und mit der Entfernung wächst …, wie man weiß.«

»Da war *doch* etwas«, informierte Paul Nancy mit farbloser Stimme. »Eben hat Hannahs Phil angerufen. Ihre Gallenblase … Operation.«

»Ihre *Gallen*blase. Wenn das nicht klassisch ist. ›Gallenbitter‹, sprich psychoso…«

Er trat näher, legte ihr die Hand über den Mund und sagte mit derselben farblosen, schleppenden Stimme.

»Wir müssen Dad holen. Sie haben gleich operiert. Der Krebs war überall, rund um die Leber herum, überall. Sie haben getan, was sie konnten ... bestenfalls ein Jahr hat sie. Dad ... wir müssen es ihm sagen.«

2

Ehrlich in seiner Schwäche, als sie es ihm mitteilten und sagten, sie dürfe es nicht erfahren. »Ich bin kein Schauspieler. Sie wird es auf der Stelle an meinem ganzen Verhalten erkennen. Oh, die arme Frau. Ich bin auch alt, ich werde daran zerbrechen. Oh, die arme Frau. Sie wird mich anfauchen: ›Meine Krankheit war also, wie ich lebe.‹ Ach, Paulie, was wird aus ihr, die arme Frau. Sie soll bloß nicht leiden ... Ich kann Krankheit nicht ertragen, Paulie, ich kann nicht mit dir hingehen.«

Aber er ging. Und schauspielerte.

»Ein großartiger Auftakt, und du hast nicht mal auf mich gewartet ... Gut, dass Hannah dich zu sich genommen hat.«

»Tees mit Modenschau, die hatte ich also nötig. Sie haben das rausgeschnitten, was in mir gezerrt hat; nur im Hals tut mir noch was weh ... Sieh doch! So viele Blumen wie bei einem Begräbnis. Vivi hat angerufen, hat Hannah dir das erzählt? Und Lennie aus San Francisco und Clara; und Sammy kommt her.« Ihr Koboldgesicht presste sich glücklich in die Blumen.

Unmöglich, in diesen Fällen eine Voraussage zu treffen, aber wenn erst einmal die unmittelbaren Folgen der Operation vorbei sind, sollte sie mehrere Monate relativen Wohlbefindens haben.

Das Geld, woher wird das Geld kommen?

Verreise mit ihr, Dad. Bring sie nicht nach Hause zu den alten Erinnerungen. Die anderen Kinder werden sie sehen wollen.

Das Geld, wie soll ich das Geld zusammenkratzen?

Was auch passiert, sie darf es nicht erfahren. Nein, du kannst sie nicht bitten, die Papiere zu unterzeichnen, um das Haus zu verkaufen; nichts, was sie aufregen könnte. Nimm stattdessen einen Kredit auf, und später dann …

Ich hatte vorgehabt, jedem von euch ein paar Dollars zu hinterlassen, um euch das Leben zu erleichtern, so wie andere Väter. Da wird jetzt nichts übrigbleiben. (Versager! Du und dein »Business ist Ausbeutung«. Warum hast du es nicht geschafft, als es noch möglich war? – Ist es das, was du gerade denkst, Sammy?)

Klar ist sie unvernünftig, Dad – aber du musst bei ihr bleiben; wenn es überhaupt ein bisschen Glück geben soll in ihrem restlichen Leben, dann hängt das von dir ab.

Unterstützt mich, Kinder, denkt auch an mich. Herumgeschubst, angekettet an sie, die verbitterte Frau. Kein Haven, und das wenige Geld ist futsch … Wie glücklich sie aussieht, armes Geschöpf.

Die Aufregung in ihrem Gesicht. Die Anstrengung, alles zu hören (das neue Hörgerät auf voller Lautstärke). Wieso bist du so glücklich, sterbende Frau?

Wie gleichmäßig die Blütenblätter gefaltet sind, und die Gladiolenfarbe. Die Herbstluft.

Fremde Enkel, so viel größer als die kleine koboldhafte Großmutter und der kleine rüstige Großvater. Paul im Rausch des Fotografierens, bevor er abreist.

Sie wandert durch das große Haus. Berührt die Bücher; lacht über die Schusterbank aus Ahorn, vor hundert Jahren gebaut und jetzt als Tisch genutzt. Das Ohr auf Musik eingestellt.

»Lass uns nach Hause fahren. Schau mal, wie gut ich jetzt laufen kann.«

»Ein Schritt raus aus dem Krankenhaus«, antwortet er, »und sie will fliegen. Warte, bis Doktor Phil zustimmt.«

»Sieh nur – auch die Vögel fliegen heim. So gut ist Phil und will es nicht zeigen, aber er ist krank von all den Krankheiten, wenn er nach Hause kommt.«

»Mrs. Telepathie kann Gedanken lesen«, antwortet er, »lies doch, was in meinen steht: Wenn die Koffer voll mit Medizin zum Köfferchen werden, dann können wir gehen.«

Die Enkelsöhne, die wissen nicht, was sie mit uns reden sollen … Hannah, die rennt hierhin und dorthin, wann findet sie Zeit für sich selbst?

Lass uns nach Hause fahren. Lass uns nach Hause fahren.

Grübeln; Sanftmut – *außer bei den Vorfällen mit dem Rabbi im Krankenhaus und den Schabbat-Kerzen.*

Über den Rabbi im Krankenhaus:

Jetzt erzähl mir, was passiert ist, Mutter.

Aus dem Schlaf wache ich auf, Hannahs Phil, und er steht da wie der Teufel in einem Traum und ruft mich beim Namen. Ich kann nichts hören. Ich glaube, er betet. Gehen Sie bitte weg, sage ich, ich bin nicht gläubig. Doch er steht wie ein Stock, während mir das Herz vor Schreck klopft.

Du hast *ihm* Angst gemacht, Mutter. Er hat gedacht, du phantasierst.

Wer hat ihn geschickt? Warum kommt er zu *mir*?

Das ist üblich. Die Gottesmänner suchen die ihrer Religion auf, denen sie vielleicht helfen können. Das Krankenhaus erstellt eine Liste – Rasse, Religion –, und du stehst auf der jüdischen Liste.

Nicht für Rabbis. Geh sofort und bring sie dazu, das zu ändern. Was sie schreiben sollen: Rasse: Mensch; Religion: keine.

Und über die Schabbat-Kerzen:

Schau, wie du aus der Fassung bist, Mrs. Aufgeregt-über-nichts. Eine schöne Erinnerung hinterlässt du da.

Geh doch rein, geh zurück zu Hannah und den Lichtern. Zwei Wochen lang habe ich Kerzen gesehen und nichts gesagt. Aber sie hat mich dazu aufgefordert.

Und was war denn so schrecklich? Sie hat vergessen, dass du das nie gemacht hast, sie bittet dich, die Freitagskerzen anzuzünden und den Segen zu sprechen, wie Phils Mutter, wenn sie zu Besuch ist. Wenn die Kerzen ihr Freude machen, warum soll sie die Freude nicht haben?

Nicht aus Freude tut sie das. Aus Leere. Weil seine Familie es tut. Weil alle um sie herum es tun.

Und das ist kein guter Grund? Aber du hast ihr nicht zugehört. Für die Überlieferung, hat sie gesagt. Für die Jungen, sie sollen die Tradition aus der Vergangenheit bewahren.

Aberglauben! Noch von unseren Vorfahren, Wilden, die Angst vor dem Dunkel, vor sich selbst hatten: Hokuspokus und magische Lichter, um Geister zu verscheuchen.

Sie hat dir gesagt: Egal, wie es angefangen hat, es ändert nichts daran, dass es gut ist. Über Jahrhunderte hinweg bedeutet es Frieden im Haus.

Schwindlerin! Schaut sie zurück auf die dunklen Jahrhunderte? Kerzen statt Brot gekauft und in eine Kartoffel als Kerzenständer gesteckt? Religion, die einen erstickt und die gesagt hat: Im Paradies, Frau, wirst du der Fußschemel deines Mannes sein, und im Leben – armer auserwählter Jude – geschunden, verachtet, in Kellern zitternd. Und verbrannt. Und verbrannt.

Ist die Religion daran schuld? Du glaubst wohl, du bist immer noch Rednerin bei der Revolution von 1905? Wo sind die Beruhigungspillen? Welche sind es?

Überlieferung. Wie sind wir unserer wilden Vergangenheit entkommen, wie können wir keine Wilden mehr sein – das sollte man lehren. Zurückzublicken und zu lernen, was menschlich macht – das sollte man lehren. Alle Ghettos niederzureißen, die uns trennen – nicht zurückzugehen, nicht zurückzugehen –, das sollte man lehren. Ein Haus voller wissenschaftlicher Bücher, wird die Menschheit leben oder sterben, und sie gibt ihren Jungen – Aberglauben.

Hannah, die so gut zu dir ist. Nimm deine Pille, Mrs. Aufgeregt-über-nichts, schluck sie runter.

Überlieferung! Aber wann hatte ich Zeit zum Lehren? Von Hannah wollte ich nur ihre Hände als Hilfe.

Schluck sie runter.

Ansonsten – Grübeln; Sanftmut.

Nicht reisen. Nach Hause fahren.

Die Kinder wollen dich sehen. Wir müssen ihnen zeigen, was für eine dornige Blume du nach wie vor bist.

Nicht reisen.

Vivi möchte, dass du ihr neues Baby kennenlernst. Sie hat die Tickets geschickt – die Flugscheine –, eine Mrs. Roosevelt will sie aus dir machen. Wir müssen einfach zu Vivi.

Ein neues Baby. Wie viele warme, verführerische Babys. Sie hält den Säugling steif, *weg* von sich, so dass er weint. Und ein langes Zittern beginnt und Schweißperlen auf ihrer Stirn.

»Sch, sch«, summt der Großvater und nimmt ihn wieder an sich. »Du solltest deiner Großmama verzeihen, kleiner Prinz, sie hat noch nie ein Baby im Arm gehalten, hat sie nur im Glaskasten gesehen. Pst, pst.«

»Du bist müde, Ma«, sagt Vivi. »Die Reise und das laute Essen. Komm und leg dich etwas hin.«

(Eine lange Reise von dem – hin zu dem –, was es auslöst, wenn man ein Baby berührt.)

In dem Flugzeug, raffiniert konstruiert, um vor Bewegung abzuschirmen (kein Wind, kein Gefühl des Fliegens), hatte sie ernst und still dagesessen, ihr Gesicht dem Himmel zugewandt, den sie durchschnitten, ohne eine Narbe zu hinterlassen.

So sah er also aus, der bestimmende, entscheidende Himmel, und so bewegte sich der Mensch durch ihn hindurch, fern, hoch über der dahingeschwundenen Erde, dem verborgenen menschlichen Leben. Dem schutzlosen Leben, das Narben abbekam.

Da gab es ein Frachtschiff der Erinnerung, das schwankend über ein großes kreisrundes Meer fuhr: zusammengedrängte, kranke Menschen im Zwischendeck; und durch die schwere abgestandene Luft eine winzig kleine, sich kräuselnde Menge Wasser in einem Fenster, rund wie das im Flugzeug – sonnenrund, mondrund. (Die runden strohgedeckten Häuser von Wilschana.) Augenrund – wie das kleinere Fenster, das die Ferne in dem einsamen Jahr der Verbannung rahmte, als nur ihre Augen reisen konnten und keine Stimme sprach. Und die Polarwinde stürzten sich über die Schneeflächen, unbegangen und endlos und weiß – wie die Wolken unterhalb, die sich zusammengeschlossen und die Erde versteckt hatten.

Jetzt legten sie ein Baby in ihren Schoß. Bitte das nicht, hätte sie gern gesagt. Ist genug, Vivis verbrauchtes Gesicht, die Enkelkinder, an die sie sich erinnerte. Ich kann nicht, ich kann nicht …

Kann was nicht? Unnatürliche Großmutter, die es nicht hinkriegt, ein Baby in die Arme zu schließen.

Sie lag da in dem Bett der beiden kleinen Mädchen, ihr neues Hörgerät auf laut gestellt, lauschte auf die Geräusche der Kinder, die schlafen gingen, das quengelnde Weinen des Babys und das besänftigende Geflüster, das Geklapper von Geschirr, das gespült und weggeräumt wurde. Sie dachten, sie schliefe. Doch sie fuhr weiter.

Es war nicht so, dass sie ihre Babys nicht geliebt hätte, ihre Kinder. Die Liebe – die Leidenschaft, sich um jemand zu kümmern – war mit der Notwendigkeit gewachsen wie ein Strom; und wie ein reißender Strom ertränkte und opferte er alles andere. Aber als die Notwendigkeit nicht mehr bestand – oh, wie viel Kraft ging da verloren, indem man mühsam das zurückdrängte und austrock-

nete, was noch aufwallte, ohne dass es irgendwohin flie-
ßen konnte. Nur das schwache Pulsieren war geblieben,
das sich nicht beruhigte, weil es mitlitt am Leben anderer,
es fühlte, aber nicht länger in Händen halten oder fördern
konnte.

Auf diesem Strom hatte sie die Kinder bis in deren eigenes Leben getragen, und das Flussbett war jetzt lange Jahre
verödet. Nicht dort bliebe sie, ein Gespenst der Erinnerung. Bestimmt war das nicht alles, bestimmt gab es mehr.
Die Quellen, sie suchte immer nach ihren Quellen. Irgendwo eine ältere Kraft, die zum Leben drängte. Irgendwo Zusammenhang, Begeisterung, Bedeutung. Wenn man
sie bloß darin zurücklassen würde, wo der Lärm jetzt aus-
geblendet war, in der versöhnlichen Einsamkeit, um ihre
Reise zu sich selbst fortzusetzen.

Und sie legten ihr ein Baby in den Schoß. Unmittel-
barkeit, die man in die Arme nehmen soll, und der Atem
von *jener* Vergangenheit: warmes Fleisch wie dieses, das
Ansprüche stellte und im Anschmiegen den ganzen Rest
wegdrückte und alles mit süßem Mund verschlang; unge-
stümes Leben wie ein Tier – intensiv und gleich jetzt; die
Irrgartenwege; die lange während Trunkenheit; das Ver-
sinken im ständigen Benötigen und Benötigtwerden. Un-
erbittlich schaute sie zurück auf das Vergangene – und das
Zittern setzte wieder ein und der Schweiß. Nicht so. Nicht
dort, nicht jetzt konnte sie, noch nicht …

Und während des ganzen Besuchs konnte sie das Baby
nicht berühren.

»Daddy, kommt das von der … Krankheit, dass sie so ist?«,
fragte Vivi. »Ich war so froh, das Baby zu haben – für sie.
Ich habe Tim gesagt, das macht sie glücklicher als alles an-

dere, wenn sie wieder ein Baby um sich hat. Und sie hat nicht ein einziges Mal mit ihm gespielt.«

Er hörte nicht zu. »Aah, du kleines Saatkorn des Lebens, kleiner Charmeur«, gurrte er. »Hollywood sollte dich sehen. Ein Herz aus Eis würdest du zum Schmelzen bringen. Kick du nur, kick. Die Zukunft wird dein Ball sein. Noch 2050 wirst du kicken. Kick dann für deinen Granddaddy.«

Sie war aufmerksam gegenüber den älteren Kindern; hielt durch bei ihren Darbietungen (Befehlsdarbietung; wir befehlen dir, Publikum zu sein); half Ann, Herbstblätter zu sortieren, um die besten für eine Schulaufgabe zu finden; hörte ernsthaft zu, wie Richard von seiner Steinsammlung erzählte, während ihre Lippen stumm die Worte formten, um sie sich zu merken: *vulkanisch*, *sedimentär*, *metamorph*; beteiligte sich an der Suche nach verlorenen Socken, Büchern und Bustickets; sah zu, wie die Kinder großes Trara um ihren Großvater machten, der sich darauf verstand, zu kitzeln, zu necken, hochzuheben, in die Luft zu werfen, Tricks vorzuführen, Geheimnisse zu erzählen, Witze zu machen, ein Rätsel mit einem anderen Rätsel zu beantworten. (Erzähl mir ein Rätsel, Grammy. Ich kenn keine Rätsel, Kind.) Sie schrubbte Fenstersimse und -rahmen, Türen und Möbel in jedem Zimmer; faltete die Wäsche; räumte Schubladen auf; leerte übervolle Wäschekörbe, die aufs Bügeln warteten (während er oder Vivi oder Tim herumnörgelten: Du sollst dich hier ausruhen, du bist doch krank gewesen), aber umsorgte keinen oder gab niemandem zu essen – und konnte das Baby nicht berühren.

Nach einer Woche sagte sie: »Kehren wir nach Hause zurück. Ruf noch heute wegen der Tickets an.«

»Wichtige Geschäfte, Mrs. Eilig? Der Präsident erwartet dich wohl zur Konsultation?« Er schrie, denn die Angst vor der Zukunft brauste in ihm. »Die Kleider sind noch warm vom Koffer, deine Kinder überbieten sich darin, dir zu zeigen, wie froh sie sind, dich zu sehen, und du willst heim. Es bleibt Zeit genug für daheim. Daheim können wir nicht mit den Kindern sein.«

»Blind wie immer für das um dich herum: Die Kleinen schlafen zu viert in einem Zimmer, weil wir ihnen das Bett wegnehmen. Wir sind zwei Leute mehr in einem Haus mit einem neuen Baby und ihnen keine Hilfe.«

»Vivi ist darüber glücklich. Die Kinder sollen ihre Großeltern eine Weile haben, hat sie mir gesagt. Und sie ihre Mommy und ihren Dad ...«

»Schwätzer und blind. Siehst du nicht, wie müde sie ist? Wie sie anfängt zu reden und dann weint? Ich bin noch nicht stark genug, zu helfen. Kehren wir nach Hause zurück.«

(Zur versöhnlichen Einsamkeit.)

Denn es schien ihr, dass das überfüllte laute Haus sie belauschte, auf sie horchte. Sie konnte es fühlen wie ein großes Ohr, das sich unter ihr Herz presste. Und alles klopfte, gleichmäßig schnelles Pochen: lass mich rein, lass mich rein.

Wie kam es, dass zart sich windende Ranken auch zu Schlägen wurden, die klopften?

Komm mit, Grandma, ich möchte dir was zeigen ...

Erzähl mir ein Rätsel, Grandma. (*Ich kenne keine Rätsel.*)

Kuck, Grammy, er ist so dumm, er kann noch nicht mal seine Hände finden.

(Dody und das Baby auf einer Decke über dem verrottenden Herbstboden.)

Ich habe sie gemacht – für dich. (Ann) (Flache Anziehpuppen in Schürzen, darunter mit Muschelsaum versehene Röcke, darunter geblümte Höschen; die Haare aus Zwirn und große fragende Kulleraugen.)

Pass auf, Grandma. (Richard, der sich den Baum hochzieht und triumphierend frei hängt, mit einer Hand ganz oben. Darunter Dody, die sich vornüberbeugt und so tut, als würde sie kochen. *(Kletter auch hoch, Dody, kletter und schau.)*

Grammy, du bist jetzt mein Heiabett. (Das »Nein!« zu spät.)

Mortys hingebungsvolle Schwere, während seine Finger auf ihrer Hörgerätekordel hoch- und runterschleichen, schläfrig Unddiebieneunddiespinne singt. *(Kinder vertrauen.)*

Damit du deine eigene Steinsammlung anfangen kannst, Grandma. Das ist ein Trilobiten-Fossil, 200 Millionen Jahre alt (Millionen Jahre aus einem Jungenmund), und das da ist ein Obsidian, schwarzes vulkanisches Glas.

Klopfte und klopfte.

Mutter, ich hab dir doch gesagt, die Lehrerin will, dass wir es heute Morgen ausgefüllt zurückbringen. Hast du denn nicht mal Daddy gefragt? Dann sag *mir*, was ich ankreuzen soll: evakuieren oder in der Stadt bleiben oder warten, bis ihr uns holt. (Bemerkt ihre Anstrengung beim Zuhören.) Es ist für den Katastrophenfall, Grandma. *(Kinder vertrauen.)*

Vivi im Labyrinth der langen, der schönen Trunkenheit. Die alten, alten Geräusche: Babylaute; Aufschrei einer zur Verzweiflung getriebenen Mutter; zankende Kinder; spielende Kinder; Singen; Lachen.

Und Vivis Tränen und Erinnerungen, die so schnell aus ihr heraussprudeln, die Hälfte der Wörter unverständlich.

Sie hatte angefangen, sich laut zu erinnern, ganz bewusst, damit ihre Mutter erfahren würde, dass die Vergangenheit in Ehren gehalten wurde, noch in ihr lebte.

Das Baby stillend: Meine Freundinnen staunen, und ich sage ihnen, och, das ist ganz einfach, so eine Kuh zu sein. Ich erinnere mich, wie schön meine Mutter aussah, wenn sie meinen Bruder stillte, und die Milch strömte nur so … War das Davy? Es muss Davy gewesen sein …

Einen Saum auslassend: Wie hast du bloß … wenn ich dran denke, wie du alles selbst gemacht hast, was wir anhatten … Tim, stell dir mal vor, sieben Kids, und Mommy hat alles genäht … Erinnere ich mich richtig? Du hast doch gesungen, während du genäht hast. Das weiße Kleid mit den roten Äpfeln auf dem Rock, das du für mich angepasst hast, war es Hannahs oder Claras, bevor es meins wurde?

Pullover waschend: Ma, ich werde nie einen dieser Tage vergessen, die so schön waren, dass du die Wäsche draußen gemacht hast; einer der ersten Frühlingstage muss es gewesen sein. Die Seifenblasen haben nur so getanzt, während du geschrubbt hast, und wir sind ihnen nachgejagt, und du hast aufgehört zu waschen, um uns zu zeigen, wie wir mit grünen Zwiebelstängeln selbst Seifenblasen machen können … du hast immer …

»Ganz schön stark, die Zwiebel, dass sie dich nach so vielen Jahren noch zum Weinen bringt«, sagte ihr Vater, um die Tränen in Lachen zu verwandeln.

Während Richard sich über seine Hausaufgaben beugte: Wo ist es jetzt, haben wir noch das Buch der Märtyrer? Es wirkte immer so – na eben erhaben, wenn du es auf den runden Tisch gelegt hast und wir es alle zusammen angeschaut haben; es gab sogar einen Heiligenschein von der Lampe. Die Lampe mit den Perlenfransen, die man hoch- und runterziehen konnte; sie sind wieder angesagt, Pendelleuchten wie die hier, aber ohne Fransen. Du kennst das Buch, von dem ich rede, Daddy, das Buch der Märtyrer, das erste Bild darin war eine Büste von Spartakus … Sokrates? Ich wünschte, es gäbe so etwas auch für meine Kinder, Mommy, damit sie kriegen, was du … (Und die Tränen schossen ihr wieder in die Augen.)

(Was ich vorhatte und nicht getan habe? Hör auf damit, Tochter, hör auf, lass das Vergangene ruhen. Und er, der Heuchler, sitzt da mit Tränen in den Augen – es hat dir damals nichts bedeutet, gar nichts.)

… Damals, wie du einmal in die Schule gekommen bist und ich vor Scham wegen deines Akzents fast gestorben bin, und weil ich wusste, du wusstest, dass ich mich schämte; wie konnte ich nur? … Sammys Mundharmonika, du hast einmal dazu getanzt, ja, wirklich, du und Davy, kreischend in deinen Armen … Damals, wie du uns warm eingepackt und uns zur Bahnstation gebracht hast, dass wir dort die Nacht verbringen, weil's geheizt war und wir keine Kohle hatten, in jenem Winter mit dem Streik, du hast nicht gedacht, dass ich mich daran erinnere, nicht wahr, Mommy? … Wie du uns immer rausgerufen hast, damit wir den Sonnenuntergang sehen …

Tag für Tag die übersprudelnden Erinnerungen. Und schlimmer noch, jetzt auch Fragen. Selbst die Enkelkinder: Grandma, in den alten Zeiten, als du klein warst …

Es waren die Nachmittage, die sie retteten.

Immer wenn die anderen meinten, sie hielte ein Nickerchen, kehrte sie dem Mosaik an der Wand (aus Kinderzeichnungen, Landkarten, Kalendern, Fotos, Anns Anziehpuppen mit ihren großen fragenden Kulleraugen) den Rücken und kauerte sich in den Wandschrank der Mädchen aufs untere Bord, wo die Schuhe standen und die Kleider der Mädchen Schutz gewährten.

Für eine Weile wappnete sie sich so mühsam gegen das lauschende Haus, die Ranken und klopfenden Geräusche und Vivis übersprudelnde Erinnerungen. Manchmal half es, die herunterhängenden Bänder miteinander zu verflechten und wieder aufzulösen oder die Muster auf den Petticoats zu studieren.

Heute musste sie spielende Kinder unter Kondensstreifen vergessen. Gestern Abend hatten Ann und Dody Silhouetten geworfen gegen den Sonnenuntergang aus flammenden, menschengemachten Wolken von Kondensstreifen im Fenster, wobei ihr Geschicklichkeitsspiel die friedlichen Geräusche der Essensvorbereitungen betonte. Hatte sie ihnen erzählt, ja, das hatte sie, wie sie in ihrem Dorf auch Jacks spielten, obwohl es keinen Gummiball, keine Metallsternchen gab. Sechs Steine, rund und flach, wirf sie hin, den siebten auf dem Handrücken wirf in die Luft, fang ihn und schnapp dir währenddessen so viele Steine vom Boden wie möglich, wirf ihn wieder in die Luft …

Von Gestein gibt es (wiederholte sie Richards Worte) drei Arten: das vom Feuer der Erde hochgeschleuderte Gestein; das aus Jahrhunderten abgelagerte; das aus jüngeren Zeiten aus altem Gestein geschmolzene (*vulkanisch, sedimentär, metamorph*). Aber da gab es den anderen Stein –

erstarrt zu schwarzem Glas, ohne je die Form zu ändern oder die fossile Erinnerung zu bewahren … (lass meinen Samen nicht auf das Steinige fallen). Es lebte ein Mann in uralter Zeit, der wälzte einen großen Felsblock den Berg hoch, und ewig stürzte der wieder zurück – ewige Mühe, Freiheit, Mühe … (Stein verwittert, das Wort aber bleibt). Und du, David, der einen Stein schleuderte und dabei schrie: Herr, nimm mein Herz aus Stein und gib mir dafür eins aus Fleisch.

Wer schrie da? Wieso war sie zurück im Aufenthaltsraum des Gefängnisses, die Sonnenstäubchen tanzten in den Lichtstrahlen, und der Spitzel wurde hereingebracht, jetzt selbst ein Gefangener wie sie. Und Lisa aufspringend, ja Lisa, die Sanfte und Zarte, beißt in die Halsschlagader des Verräters. Schreien und Schreien.

Nein, es sind die Kinder, die hier schreien. Noch eine dieser furchtbaren Streitereien zwischen Paul und Sammy?

In Vivis Haus. Streng zu sich: Du bist in Vivis Haus.

Schläge, Schreie, ein Rufen: »Grandma!« Nach ihr? O bitte nicht nach ihr. Versteck dich, duck dich noch tiefer hinter die Kleider. Aber ein zitternder kleiner Körper wirft sich neben sie – überraschtes, ersticktes Lachen, Arme umschlingen ihren Nacken, Tränen trocknen an ihrer Wange, und Wörter, zu leise, um sie zu verstehen, werden ihr ins Ohr geflüstert. (Ist das hier auch, wo du dich versteckst, Grammy? Es ist mein Geheimplatz, wir haben jetzt ein Geheimnis.)

Schweißtropfen und ein langer Zitteranfall.

Es schien, als presste das große Ohr jetzt innen, und es klopfte. »Wir müssen nach Hause«, sagte sie ihm, »ich werde hier krank.«

»Daran bist du ganz alleine schuld, Mrs. Dampf-in-al-len-Gassen, du ruhst dich nicht aus, du machst zu viel.« Er geriet in Rage, aber die Angst stand ihm in den Augen. »Es war eine schwere Operation, sie haben dir gesagt, du musst vorsichtig sein ... Nun gut, wir werden dorthin fahren, wo du dich ausruhen kannst.«

Aber wohin? Nicht nach Hause zum Tod, noch nicht. Er hatte gedacht zu Lennie, zu Clara; schöne Besuche bei jedem der Kinder. Sie müsste sich zuerst mal ausruhen, kräftiger werden. Wenn sie doch nur nach Florida könnten – vor seinen Augen schillerte das nie erfüllte Versprechen Floridas. Nach Kalifornien: natürlich. (Das Geld, das Geld, es schwindet dahin!) Zuerst Los Angeles für Sonne und Ruhe, dann zu Lennie in San Francisco.

Am nächsten Tag sagte er es ihr. »Du hast gesehen, was Nancy geschrieben hat: Schnee und Wind daheim, ein schrecklicher Winter. Und schau dich an – nur noch Knochen und ein geschwollener Bauch. Ich habe Phil angerufen, er hat gesagt: ›Ich verschreibe ihr Los Angeles, Sonne und Ruhe.‹«

Sie las die Worte auf seinen Lippen. »Du hast das Haus verkauft«, schrie sie auf, »darum kehren wir nicht nach Hause zurück. Darum redest du nicht mehr vom Haven, darum gibt es jetzt Geld fürs Reisen. Nach den Kindern zerrst du mich ins Haven.«

»Haven! Wer denkt denn noch ans Haven? Vivi, sag's Mrs. Argwohn: eine Verschreibung, Sonne und Ruhe, um dich gesund zu kriegen ... Und wie könnte ich das Haus ohne *dich* verkaufen?«

Am Ort des Abschieds und der Begrüßung, der Winde des Kommens und Gehens, sagen alle einander Lebewohl.

Sie erwidern ihren Blick mit Augen, die sie bei anderen schon gesehen hat: Richard mit ihrem eigenen strahlenden Blau; Ann mit den nordischen Augen von Tim; Mortys träumerisches Braun einer Urgroßmutter, von der er nichts wissen wird; Dody mit den lachenden Augen von ihm, der ihre Frühlingsliebe gewesen war (und jetzt neben ihr steht); Vivis voller Tränen.

Die Augen des Babys sind im Schlaf geschlossen.

Auf Wiedersehen, meine Kinder.

3

Er brachte sie ins Hinterland der großen Stadt, zu den Wohnstätten der abgeschobenen Alten. Im Norden und Süden eingegrenzt von zwei Reihen Vergnügungspiers und dazwischen eine lange asphaltierte Promenade, gesäumt von schwarzen Bänken mit Blick auf den Sand – Sandflächen so weit, dass der Pazifik nur ein fernes Gekräusel ist.

In der kurzen Feriensaison öffnen einige der verrammelten Läden, die auf die Sandwüste blicken, und man kann Familien sehen, junge Leute und Kinder. Eine kleine, mit Troddeln geschmückte Straßenbahn pendelt zwischen den Piers, und die Lichter der Achterbahnen zwinkern und zucken über denen, die gekommen sind, um mal wieder so richtig Aufregung zu empfinden.

Der Rest des Jahres bleibt den Alten überlassen, alles sonst verrammelt und still, scheinbar leer, außer an vereinzelten Tagen und in Stunden, wenn die Sonne sie wie

Ebbe aus den niedrigen Wohnheimen heraussaugt, sie auf die Bänke und den sandigen Rand der Promenade wirft – um sie abermals zurück in die verwahrlosenden Gebäude zu schwemmen.

Einige neuere Apartments glänzen zwischen den niedrigen ausgebleichten Häuserblocks. In einem davon hat Lennies Jeannie Zimmer für sie besorgt. »Nur wenige Meilen nach Norden und Süden zahlen die Leute Hunderte von Dollars im Monat für genau die gleiche himmlische Luft, Grandpa, genau die gleiche Nähe zum Meer.«

Sie war krank im Flugzeug gewesen, lag tagelang krank in dem unvertrauten Zimmer. Mehrere Male kam der Arzt vorbei – hinterließ Medizin, die sie nicht einnahm. Mehrere Male kam Jeannie die zwanzig Meilen von der Arbeit, noch in ihrer Gemeindeschwesternuniform, ihre Leichtigkeit und Heiterkeit wie etwas Heilendes.

»Wer kann glauben, dass es Winter ist?«, fragte er eines Morgens. »So schön draußen wie auf einem Werbeplakat. Komm, Mrs. Kränklich, komm, koste es aus. Dir geht's gut genug, hier drin zu sitzen, dir geht's gut genug, draußen zu sitzen. Hat der Arzt auch gesagt.«

Aber die Bänke waren überwuchert von Menschen, ebenso der Sand am Rand des Gehwegs. Außerdem hatte sie das ferne Gekräusel des Meeres entdeckt: »Bring mich dorthin«, und obwohl sie sich auf ihn stützte, war sie es, die ihn führte.

Schleppte sich mühsam weiter und weiter, setzte sich oft, um auszuruhen, während er vor sich hin brummte. Strich über den Sand, so warm. Einmal sammelte sie eine Handvoll auf, führte ihn vorsichtig an ihr besseres Auge; guckte prüfend und warf ihn zurück. Und als sie fast das Ufer erreicht hatten und sie das glitzernde Nass sehen konnte, setzte sie sich hin, zog Schuhe und Strümpfe aus, ließ ihn stehen und begann zu laufen. »Du wirst dich erkälten«, schrie er, aber der Sand in seinen Schuhen hinderte ihn am Vorwärtskommen – ihn, der immer der Bewegliche gewesen war –, und schon seifte die weiße Gischt ihre Füße ein.

Er zog sie zurück, nahm ein Taschentuch, wollte die Feuchtigkeit und den Sand abwischen. »Ach was«, sagte sie, »die Sonne wird's trocknen«, packte das Stück Stoff, glättete es, ließ einen Sandhügel darauf fallen, verknotete die Taschentuchzipfel und band es zu einem Beutel – »will mir das mit der Lupe ansehen« (das erste Mal in Jahren erklärte sie ihr Handeln) – und legte sich hin mit dem Beutelchen an ihrer Wange, während sie zum Uferstreifen schaute, der Leben hatte gedeihen lassen, als dies erstmals vor Millionen von Jahren der Bewusstwerdung entgegenkroch.

An einem Sonntag entführte er sie in einem stinkigen Bus, vorbei an meilenweit sich hinziehenden Flachbauten aus Beton, zum Haus von Verwandten. Oh, was ist das?, rief sie, als das Licht anfing, rauchig zu werden, die Häuser verschwommener, zurückweichend. Smog, sagte er, jeder kennt das außer dir … Draußen hielt er weiter den Arm um sie, aber sie drückte beim Weitergehen mit den Händen gegen die schwere Luft, als wollte sie sie öffnen, wobei sie flüsterte: Wer hat das getan?, setzte sich plötzlich an den Bordstein, um sich zu übergeben, und weigerte sich eine ganze Weile aufzustehen.

Das eigene Alter, wie man es auf den veränderten Gesichtern derer sieht, die man jung gekannt hat. Die hat er besuchen wollen? Diesen Max und diese Rose, glatt und freundlich, die ihnen ihre höflichen Kinder vorstellen, uninteressierte Enkelkinder, »die ganze Familie einmal im Monat sonntags. Und warum nicht? Wir haben den Platz, eine Haushaltshilfe, das Essen.«

Reden über Autos, Häuser, Erfolg: dieser Sohn hat das, jene Tochter dies. Und *eure* Kinder? Hastig abgehandelt, die Mischehen, die unbedeutende Arbeit – »mein Schwiegersohn Phil, Arzt« – alles, was er bieten kann. Sie stumm in der Ecke. (Krank von der Autofahrt wie ein Baby, erklärt er.) Ist Jahre her, dass er sie auf Besuch mitgenommen hat, ausgenommen zu den Kindern, und alte Befürchtungen überfallen ihn: »Bloß keine Zwischenfälle«, fleht er lautlos, »keine Zwischenfälle.« Es drängte ihn, ihnen mitzuteilen: »Eine schwerkranke Frau«, den Blick bedeutsam auf sie richtend, »eine schwerkranke Frau.« Ihre beschränkten Gesichter zeigten keine Regung. »Hast du daran gedacht, dass es ihr in Palm Springs besser gehen könnte«, fragte Rose. »Oder wenigstens an einem netteren Teil des Strandes, nettere Leute, ein Swimmingpool?« Um nicht sagen zu müssen »das Geld«, sagte er: »Würde sie da Sand haben, den sie mit einem Vergrößerungsglas betrachten kann?«, und fuhr fort, Einzelheit auf Einzelheit – der alte gewohnheitsmäßige Verrat –, ihre Eigenarten auszubreiten, damit die Gesellschaft was zu lachen hatte.

Nach dem Essen – die anderen im Wohnzimmer in Männer- oder Frauengrüppchen oder im Hobbyraum zum Fernsehen – sie vier allein. Sie saß dicht bei ihm und sagte nichts. Witze, Geschichten, Leute, die sie gekannt hatten, einsetzende Erinnerung; Russland vor fünfzig, sechzig Jahren. Seltsame Worte quer über den Duncan-Phyfe-Tisch: *Hunger; geheime Treffen; Menschenrechte; Spione; Verrat; Gefängnis; Entkommen* – unterbrochen von einem der Enkelkinder: »Is gerade Werbung; noch Coke da? Mann, ihr verpasst gerade einen echten Horrorfilm.« Und dann fuhr eine Enkelin (Max stolz: »Schaut sie euch an, eine amerikanische Königin«) sie auf ihrem Rückweg zur Universität nach Hause. Kein Zwischenfall – außer, dass es keine Zwischenfälle gegeben hatte.

Die ersten Vormittage hatte sie ihr Vergrößerungsglas mitgenommen, aber er bestand immer darauf, auf einer Bank zu sitzen, und so ruhte sie zu seinen Füßen aus, wohin die Schatten der Lattenbank fielen, und wenn sie ihr Hörgerät nicht leise stellte, drängten sich andere Stimmen auf.

An Tagen, wenn die Sonne schien und sie sich einigermaßen fühlte, fuhr er jetzt mit ihr in der Straßenbahn zu dem Platz, wo die Bänke in Rechtecken zusammengestellt waren, einige mit Tischen für Dame oder Kartenspiel. Wieder die Decke auf dem Sand im gestreiften Schatten, aber sie hatte das Vergrößerungsglas nicht mehr dabei. Er spielte Karten, und sie lag in der Sonne und blickte aufs Wasser; oder sie spazierten – zwei Häuserblocks hinunter zu dem abbröckelnden Hotel, zwei Blocks zurück – vorbei an Chili-Hamburger-Ständen, offen stehenden Bars, So-gut-wie-neu-Läden und Dauer-Ramschverkäufen.

Einmal kam aus der Menge zielloser Spaziergänger, langsam und schlurfend wie sie selbst, jemand mit steifen Schritten auf sie zu, umarmte, küsste sie, weinte: »Liebe Freunde, alte Freunde.« Eine Freundin von *ihr*, nicht von ihm: Mrs. Mays, die in Denver direkt nebenan gewohnt hatte, als die Kinder klein waren.

Dreißig Jahre werden zusammengepresst zu einem Dutzend Sätze; und die Gegenwart in nicht mal drei Sätzen. Alles wird erzählt: die Kinder verstreut; der Mann tot; sie lebt in einem Zimmer zwei Blocks entfernt von der Konzerthalle – und zeigt auf den Kuppelbau, der sich vor dem Pier erhebt. Das Bein? Venenentzündung; das schwere Atmen? Darüber spricht man nicht. Auch sie kommt jeden Tag zu den Bänken, um dort zu sitzen. Und morgen, morgen gehen sie doch zu dem Community-Singen? Sicher hat er davon gehört, jeder geht hin – auf diese Großereignisse warten sie die ganze Woche. Sie sind noch nie dabei gewesen? Sie wird morgen zum Essen zu ihnen kommen, und dann gehen sie alle zusammen hin.

Und so sitzt sie im Luftzug des Singens zwischen tausend Gesichtern des Alters.

Sie stellte ihr Hörgerät sofort aus, als sie die Halle betreten hatten – so wie sie nur zu gern ihre Sehkraft abgestellt hätte.

Einer nach dem anderen strömten sie vorbei und prägten sich ihr ein – und obwohl der wilde Eifer ihres Singens stimmlos sanft und fern daherkam, brüllten noch immer die Gesichter – die Gesichter verdichteten die Luft – formten zusammen

Kinderlieder, mütterlichen Singsang, Serenaden von gefesselter Liebe, Beethovens Stürme, den trunken aufschreienden Jubelgesang der wahnsinnigen Lucia, Totenklagen, Arbeitslieder

während sich vom Boden über die Galerie zur Kuppel hin ein kleines Mädchen, barfüßig und voller Schürfwunden, durch den lärmgesättigten Tumult schlängelte und ekstatisch grimassierend zu Flöten tanzte, die schrill auf einer Dorfhochzeit an einer Wegkreuzung erklangen

Ja, Gesichter wurden zu Klängen, und die Klänge wurden zu Gesichtern; und Gesichter und Klänge bekamen Gewicht – stießen, drückten

»Luft« – ihre Hände krallen seine.

»Immer, wenn ich mich amüsiere …« Dann sah er den grauen Schweiß auf ihrem Gesicht. »Komm. Auf. Helfen Sie mir, Mrs. Mays«, und sie bugsieren sie nach draußen, wo sie heftig schluchzend Luft holen kann.

»Einen Arzt, wir sollten einen Arzt für sie holen.«

»Pah, das ist nichts«, sagt Ellen Mays, »das hab ich ständig. Ihr habt die Bahn verpasst; kommt zu mir nach Hause. Stell dein Hörgerät an, Liebes … nicht weit … Tee. Meine Aussicht. Sehen Sie, sie *möchte* mitkommen. Ganz ruhig jetzt, ja, so.« Und fügt geheimnisvoll hinzu: »Erinnerst du dich an deinen Ratschlag, es ist leicht, den Kopf über Wasser zu halten, leere Dinge treiben oben. Treibe oben.«

Das Singen ein verklingender Marsch für sie, die hochgewachsene Frau mit geschwollenem Bein, den kleinen wankenden Mann und die aufgequollene Dürre, die sie zwischen sich stützen.

Der üble Geruch im Eingang: Schimmel? Verfall? »Setzen wir uns und ruhen aus, dann steigen wir hoch. Meine großartige Aussicht. Einer hilft dem anderen, und schon ____ sind ____ wir ____ da.«

Der üble Geruch begleitete sie bis in das abstellkammerartige Zimmer. Ein Waschtisch als Spüle, eine wachstuchbezogene Kiste als Schrank, ein Gaskocher mit drei Brennern. Künstliche Blumen, blass von Staub. Überall sprudeln Fotos: Hochzeit, Baby, Party, Urlaub, Schulabschluss, Familie. Von der schmalen Couch unter einem Schlitz von Fenster tatsächlich die Aussicht: lungernde Hausdächer und eine Muschel wogenden Meers, sich brüstend, bebend unter dem Mond.

»Bis das Wasser kocht. Entschuldigt mich ... unten im Eingang.« Ellen Mays ist verschwunden.

»Wirst du's überleben?«, fragt er ganz mechanisch, setzte sich hin und spürte seine Angst; versuchte, sie neben sich zu ziehen.

Sie stieß ihn weg. »Brauche Luft«, sagte sie; stand da, an die Kommode geklammert. Dann mit schrecklicher Stimme:

Nach einem Leben voller Raum. Und vielen Räumen.

Pst.

Du erinnerst dich, wie sie gelebt hat. Acht Kinder. Und jetzt ein Raum ____ wie ein Sarg.

Und dafür zahlt sie Miete!

Ihr Leben zusammengeschrumpft _____ in einem Raum ____ wie ein Sarg. ____ Räume und Räume wie der hier ____ ich liege auf der Steppdecke und höre sie reden

Bitte, Mrs. Rednerin-ohne-Atem.

Einmal warst du weg für einen Kaffee, ich bin rübergegangen. Was ich sah ____ Einen Balzac ____ einen Tschechow braucht es, der das beschreibt ____ Trödel ____ Allein ____ Auf Fetzen

Besser hier alt als in der alten Heimat!

Auf Fetzen ____ Aber sie sangen wie ... wie ... Großartig! *Menschheit* ____ *man muss an sie glauben* ____ So stark ____ wofür? ____ Um zu verrotten ____ nicht zu wachsen?

Deine armen Lungen flehen dich an. Sie schluchzen zwischen jedem Wort.

Singen. _____ Ungenutzt _____ das Leben in ihnen. _____ Sie _____ in diesem armseligen Zimmer _____ mit ihren _____ Fotos: _____ Max _____ Du _____ Die Kinder _____ Überall ungenutztes Leben _____ Und wer hat Bedeutung? _____ Jahrhundert um Jahrhundert _____ noch immer alles in uns _____ ohne _____ zu wachsen?

Särge, Trödel, Pflanzen: kranke Frau. Komm, leg dich hin. Wir holen den Arzt für dich.

»Und wann wird es enden. Oh, *das Ende.*« *Dieser* Schreckensgedanke, und diesmal krümmte sie sich, sackte gegen ihn, ergriff seine Hand (für einen Augenblick wieder das Gewicht, das leise, ferne Brausen der Menschheit), und mit erstickter, um Atem ringender Stimme flehte sie: »Der Mensch … werden wir uns selbst zerstören?«

Und mit den Augen eine Antwort suchend – in dem hilflosen Mitleid und in der Angst um sie (um *sie*), die sein Gesicht verzerrten –, verstand sie die letzten Monate und wusste, dass sie am Sterben war.

4

»Lass uns heimkehren«, sagte sie nach ein paar Tagen.

»Du trainierst wohl für einen Querfeldeinlauf? Deshalb durchquerst du nicht einmal das Zimmer? Hierbleiben, wie Phil es verschrieben hat, bis du dich von der Operation erholt hast. Willst du dich den ärztlichen Anweisungen etwa widersetzen?«

Sie sah, dass diese Komödie für ihn notwendig war,

blieb stumm; dann: »Daheim wird es mir besser gehen. Sobald der Arzt hier ja sagt?«

»Und der Winter? Und die Besuche bei Lennie und bei Clara? Schon gut«, denn er bemerkte die Tränen in ihren Augen. »Ich schreibe Phil und rede mit dem Arzt.«

Tage vergingen. Er berichtete nichts. Jeannie kam und nahm sie mit an die frische Luft, vorbei an den mit Brettern vernagelten Imbissständen, den Fahrattraktionen unter ihren Abdeckungen und Planen, bis zum Ende des Piers. Sie betrachteten die auslaufenden Wellen, die neue schufen, die Möwen im bewölkten Himmel; selbst da, wo sie saßen, pikste der herangewehte Sand.

Sie bat nicht darum, die schiefe Treppe zum Meer hinunterzugehen.

Zurück im Bett, er war einkaufen gegangen, sagte sie: »Jeannie, dieser Arzt, das ist keiner, dem ich Fragen stellen kann. Frag du ihn für mich, kann ich heim?«

Jeannie schaute sie an und sagte schnell: »Natürlich, arme Granny. Du möchtest deine eigenen Sachen um dich haben, nicht wahr? Ich rufe ihn heute Abend an … Sieh mal, ich muss dir was zeigen«, und aus ihrer Tasche holte sie ein großes Gebäck und wickelte es aus, bis ins Einzelne geformt wie ein kleines Mädchen. »Schau mal, die Locken – kannst du mich gut hören, Granny? – und die niedlichen Wimpern. Ich komme gerade von dem Haus, wo man sie gebacken hat.«

»Die Grübchen da in den Knien«, staunte sie und hielt das Gebäck ins bessere Licht, drehte und studierte es. »Wie Kunst. Wird jedes einzeln gemacht, oder gibt es eine Form?«

»Jedes einzeln«, sagte Jeannie, »und wenn es ein Kind ist, darf nur die Mutter es machen. Ach, Granny, das ist das

Abbild eines realen kleinen Mädchens, das gestern gestorben ist – Rosita. Sie war drei Jahre alt. *Pan de Muerto*, das Totenbrot. Ein Brauch in dem Teil von Mexiko, aus dem sie stammen.«

Noch immer drehte sie es hin und her und betrachtete es genau. »Sieh mal, die Kuhle am Hals, der kleine Kreuzanhänger … Ich glaube, es ist gut für die Mutter, wenn sie mit so einem Brot beschäftigt ist. Du kennst die Familie?«

Jeannie nickte. »Auf meiner Tour. Ich habe sie betreut … Weißt du, Granny, es ist wie eine Party; sie spielen die Lieder, zu denen sie gern getanzt hat. Der Sarg ist mit rosa Samt ausgeschlagen, und sie trägt ein weißes Kleid. Kerzen brennen …«

»Im Haus?« Überrascht. »Sie behalten sie im Haus?«

»Ja«, sagte Jeannie, »obwohl es gegen die Gesundheitsverordnung ist. Der Vater hat gesagt, es wird traurig sein, sie in diesem Land zu beerdigen; in Oaxaca findet jedes Jahr eine nächtliche Feier mit Kerzen statt; alle picknicken auf den Gräbern derjenigen, die sie geliebt haben, bis zum Morgengrauen.«

»Ja, Jeannie, die Lebenden müssen sich selbst trösten.« Und schloss die Augen.

»Du möchtest schlafen, Granny?«

»Ja, müde von der Freude, dich hier zu haben. Ich kann Rosita behalten? Dort, auf die Kommode stellen, wo ich sie sehen kann; was Eigenes um mich herum.«

Als Jeannie ihrem Großvater in der Kochnische beim Auspacken der Lebensmittel half, sagte sie mit ihrer hellen Stimme:

»Ich kündige meinen Job, Grandaddy.«

»Ah, der glückliche junge Mann. Wer ist es?«

»Zu spät. Du bist ja vergeben.« Sie baute eine Pyramide aus Büchsen, baute den Stapel ab und wieder auf.

»Stimmt was nicht mit dem Job?«

»Mit mir. Ich kann nicht« – sie suchte nach dem Wort – »professionell genug sein, wie sie es nennen. Ich lasse Gefühle zu. Und morgen muss ich einen Bericht erstatten über eine Familie …« Die Büchsen klickten wieder. »Aber das ist es auch nicht. Ich weiß einfach nicht, was ich machen will, vielleicht zurück zur Schule, vielleicht auf eine Kunstschule. Ich habe gedacht, wenn ihr nach San Francisco fahrt, würde ich mitkommen und es mit Momma und Daddy besprechen. Aber mir ist nicht klar, wie ihr überhaupt fahren könnt. Sie möchte nach Hause. Sie hat mich gebeten, den Arzt zu fragen.«

Der Arzt sagte es ihr selbst: »Nächste Woche können Sie vielleicht reisen, wenn Sie etwas kräftiger sind.« Aber in der nächsten Woche hatte sie Fieber von einer Infektion, und als das überstanden war, konnte sie das Bett nicht verlassen – ein ausgeliehenes Krankenhausbett, das neben dem Doppelbett stand, in dem er jetzt allein schlief.

Nach außen hin schienen die Tage sich zu gleichen. Jeden zweiten Nachmittag und Abend ging er mit seinen neuen Kumpeln aus, um zu reden und Karten zu spielen. Zweimal in der Woche kam Mrs. Mays. Und sonst war Jeannie da.

Am Krankenbett stand Jeannies Transistorradio. Oft zogen Klänge von Musik ins Zimmer ein. Sie lag zusammengerollt auf der Seite, die Knie hochgezogen, intensiv lauschend (Jeannie skizzierte sie so, eingerollt, gewunden wie ein Ohr), dann schnellte die Hand vor und würgte das Radio ab – um weiter in der Haltung des Zuhörens liegen zu bleiben und die Tränen zu verbergen.

Einmal brachte Jeannie einen jungen Marinesoldaten mit, einen Freund aus Highschool-Tagen, den sie entdeckt hatte, wie er nahe am leeren Pier herumwanderte. Weil ihn Jeannie darum gebeten hatte, ernst und unbefangen, setzte er sich im Schneidersitz hin und führte ihnen einen Tanz aus seiner Heimat Samoa vor.

Lange nachdem sie fort waren, konnte man einen schwachen Trommellaut vom Bett her hören, wo sie sich bemühte, das Winken, Flüchten, Sich-Unterwerfen seiner Hände zu wiederholen, den schnellen Taktschlag der Füße und seine leisen schwermütigen Rufe.

Hannah und Phil schickten Blumen. Um ihre Freude zu vergrößern, steckte er ihr eine Blüte ins Haar. »Wie ein Mädchen«, sagte er und brachte ihr den Handspiegel. Sie betrachtete die flammend rote Blüte, das gelbe Gesicht eines Totenkopfs; sie erschauerte unter einem trostlosen, erregten Lachen und stieß den Handspiegel von sich – aber ließ die Blüte glühen.

In der Woche, als Lennie und Helen kamen, kehrte das Fieber zurück. Mit ihm das erregte Lachen und unaufhörliche Worte. Sie, die in ihrem Leben nur selten gesprochen hatte außer das Nötigste (da sie nie den lockeren Gebrauch von Wörtern im Umgang mit anderen erlernt hatte), sprach jetzt im Sterben unentwegt.

Fast flüsternd: »Wie Lisa ist sie, eure Jeannie. Hab ich euch von Lisa erzählt, die mir das Lesen beigebracht hat? Eine von den Hochgeborenen war sie, aber edel in sich selbst. Ich war sechzehn; sie haben mich geschlagen; mein Vater hat mich geschlagen, damit ich nicht zu ihr ging. Es war verboten, sie war eine Tolstoi-Anhängerin.

Nachts, vorbei an heulenden Hunden, entsetzlichen Hunden, mein Sohn, durch die winterlichen Schneemassen bis zur Straße, in ihrer Kutsche reisend wie eine Lady, zu Büchern. Für sie war das Leben heilig, Wissen war heilig, und sie hat mir das Lesen beigebracht. Sie haben sie aufgehängt. Alles, was passiert, muss man versuchen zu verstehen. Sie hat einen getötet, der viele verraten hat. Wegen eines Verrats verriet sie alles, wofür sie lebte und woran sie glaubte. In einer Minute hat sie getötet, vor meinen Augen (es gibt so viel Blut in einem menschlichen Wesen, mein Sohn), im Gefängnis mit mir. Alles, was passiert, müssen wir versuchen zu verstehen. – Der Name?« Ihre Lippen bewegten sich. »Der Name, der ihr Leitstern war; die Tore der Totenhäuser waren bereit, sich bei diesem Namen zu öffnen; ich habe darüber in meinem Jahr im Zuchthaus gelesen. Thuban!«, ganz erhitzt, »Thuban, im alten Ägypten der Polarstern. Kannst du ihn sehen, schau raus, um zu sehen, Jeannie, ob er um *unseren* Polarstern kreist, der *uns* unbeweglich erscheint. – Ja, Jeannie, in deinem Alter hatten meine Mutter und meine Großmutter bereits Kinder begraben … ja, Jeannie, es gibt mehr als Ozeane zwischen Wilschana und dir … ja, Jeannie, sie tanzten, und bei all den Toten, die sie hatten, hätten sie auch gut Hühner sein können, und ja, sie scharrten in der Erde und flatterten mit den Armen und hüpften. – Und Andrej Jefimytsch, der zwanzig Jahre lang nie etwas davon gewusst hatte und nie etwas wissen wollte, sagte, als würde er gleich weinen: Wozu dann dieses schadenfrohe Lachen, mein Lieber?« Und sie sagte sich halb auswendig gelernte Sätze aus ihren wenigen gelesenen Büchern auf. »Auf Schmerz antworte ich mit einem Schrei und mit Tränen, auf Gemeinheit mit Empörung, auf Abscheulichkeit mit Widerwillen … denn das ganze Leben, man kann es für lästig halten, man kann es hassen, aber nicht verachten.«

Fiebernd: »Sag mir, meine Nachbarin, Mrs. Mays, die Fotos haben nie gelebt, aber was ist mit den Blumen? Sagt denen, die fragen: keine Rabbis, keine Geistlichen, keine Priester, keine Reden, keine Feierlichkeiten: ach, falsch – mögen die Lebenden sich selbst trösten. Sag Sammys Jungen, dem, der fliegt, sag ihm, er soll nach Stuttgart gehen, sehen, wo Davy kein Grab hat. Und weiter? ... Und weiter? Dahin, wo Millionen kein Grab haben – außer der Luft.«

Im Fieber oder nicht, sie wollte, dass das Radio lief; sie schien nicht zuzuhören, immer noch ein Schwall von Wörtern, und sie wollte Musik. Einmal knipste sie abrupt das Radio aus wie früher, sie fing an zu weinen, ohne diesmal die Tränen zu verbergen. »Hast du Schmerzen, Granny?«, fragte Jeannie.

»Die Musik«, sagte sie, »sie ist immer noch da, und wir hören nicht; sie pocht, und unsere armen menschlichen Ohren sind zu schwach. Was sonst noch, was sonst noch hören wir nicht?«

Einmal, als er ihr eine Pille geben wollte, schlug sie seine Hand beiseite, fegte die Flaschen vom Nachttisch: »Keine Pillen, lass mich fühlen, was ich fühle«, und lachte, als er auf Händen und Knie herumtastete, um sie aufzulesen.

Nachts streckte sie die Hand über das Bett, um seine zu halten.

Ein ständiges Würgen begann. Ihr Atem war jetzt zu schwach für ununterbrochenes Reden, die Lippen bewegten sich dennoch:

Man braucht nicht länger ____ die Leute zu kränken
Pick ____ pick pick ____ Blindes Huhn
Als menschliches Wesen ____ Verantwortung

»David!«, gebieterisch, »Schüssel!«, und dann übergab sie sich, spülte den Mund aus, der wunde Hals bemüht zu schlucken, und nahm ihren Sprechgesang wieder auf.

Sie wäre jetzt besser im Krankenhaus aufgehoben, sagte der Arzt.

Er schickte Telegramme an die Kinder, packte gerade ihren Koffer, als ihre heisere Stimme ihn aufschreckte. Sie war wach geworden, zog sich zum Sitzen hoch.

»Wohin jetzt?«, fragte sie. »Wohin zerrst du mich jetzt?«

»Diesmal musst du nicht mal ein Baby kriegen, du kommst so rein«, beruhigte er sie, während er die Bürste suchte und sie einpackte. »Erinnerst du dich, nach Davy hast du mir gesagt – lohnt es sich, ein Baby zu kriegen für das Vergnügen einer Zehn-Tage-Ruhe im Krankenhaus?«

»Wohin jetzt? Immer noch nicht nach Hause?«, klagte die Stimme. »Wo *ist* mein Zuhause?«

Er stand auf, um sie wieder zurechtzulegen. »Der Arzt, das Krankenhaus«, wollte er erklären, aber gewandt wie eine Schlange war sie aus dem Bett geglitten und stand schwankend da, an den Nachttisch gelehnt.

»Feigling«, zischte sie, »Wegläufer.«

»Du stehst ja«, sagte er widersinnig.

»Mich dorthin bringen und weglaufen. Angst vor ein bisschen Kotze.«

Er fing sie auf, als sie fiel. Sie wehrte sich gegen ihn, halb entschlüpfte sie seinen Armen, zog sich wieder hoch.

»Schwächling«, stichelte sie, »mich dort lassen und weglaufen. Verräter. Dein ganzes Leben bist du weggelaufen.«

Er schluchzte, als er Jeannie davon erzählte. »Eine Marilyn Monroe, die für ihre Tugend kämpft. Siebenundzwanzig Kilo wiegt sie, hat der Arzt gesagt, und sie schlägt auf mich ein wie Boxweltmeister Dempsey. Verräter, schreit sie, und ich renne wie ein Hund, wenn sie mich ruft; Tag und Nacht renne ich zu ihr, ihrer Kotze, der Bettpfanne …«

»Sie braucht dich, Grandaddy«, sagte Jeannie. »Nennt man das nicht Liebe? Ich sehe nach, ob sie schläft, und wenn ja, armes erschöpftes Schätzchen, machen wir Party, du und ich: Ich habe uns Rum-Babas mitgebracht.«

Sie brachten sie nicht ins Krankenhaus. Neben ihrem Bett stand jetzt der hohe Ständer, woran die Beutel mit den Infusionen hingen – Blut und Dextrose –, die zur Ernährung in ihre Venen liefen. Jeannie zog ans Ende der Diele, um das Krankenzimmer in ihre Obhut zu nehmen, ihr Gesicht so strahlend, dass ihr Großvater sie einmal fragte: »Bist du verliebt?« (Beschämend die Freude, die reine überwältigende Freude, bei ihrer Großmutter zu sein; der Friede, die Gelassenheit, die hier atmeten.) »Mein geliebter Fluchtpunkt«, antwortete sie zusammenhanglos, »meine geliebte Granny« – als würde das etwas erklären.

Jetzt kamen nach und nach die Kinder, die, die es konnten. Hannah, Paul, Sammy. Zu spät, um zu fragen: Und was hast du aus deinem Leben gelernt, Mutter, was sollten wir unbedingt wissen?

Clara, die Älteste, mit zusammengebissenen Zähnen:

*Zahl mir zurück, Mutter, zahl mir zurück für alles,
was du mir genommen hast. Die anderen, die du in
dein Herz gepresst hast. Die Hände, die ich für dich
parat haben musste, die Schwere, die Verantwortung.
Ist sie es? Geräusche, die Sterbende machen, Hände,
die wie Krebse über die Bettdecke kriechen. Das
hauchdünne Singen.
Sie hört diese Musik, das Singen aus der Kindheit;
vergessener Klang – ungehört seit, seit … Und die
Härte zerbricht wie ein Aufschluchzen: Wo haben wir
einander verloren, Mutter zuerst, singende Mutter?
Für nichtig erklärt: die Streitereien, das Verspotten,
die Grobheit zwischen ihnen; das Verstummen und
der Rückzug.
Ich kenne dich nicht, Mutter. Mutter, ich habe dich
nie gekannt.*

Lennie, der nicht allein um sie litt, die im Sterben lag,
sondern auch um das in ihr, was nie gelebt hatte (um das,
was in ihm vielleicht nie zum Leben erwachen würde).
Auch von ihm unausgesprochene Worte: *Leb wohl, Mutter,
die mir beigebracht hat, mir selbst Mutter zu sein.*

Nicht Vivi, die bei ihren Kindern bleiben muss; nicht
Davy, aber der ist schon hier, muss wieder sterben, diesmal
mit *ihr*, denn die Lebenden nehmen ihre Toten mit sich,
wenn sie sterben.

Leicht wurde sie wie ein Vogel, und wie bei einem Vogel
gluckerten Töne in ihrer Kehle, während der Körper vor
Schmerzen flatterte. Tag und Nacht, schlafend oder wach
(obwohl es jetzt doch keinen Unterschied machte), strömten die Lieder und Sätze aus ihr.

Und er, dem es einst vor einem langen Sterben gegraut hatte (aus Angst vor sich selbst, aus Schrecken über das schwindende Geld), wünschte sich nun zutiefst ihren schnellen Tod, ihretwillen. Er ging nicht mehr aus, nur wenn Jeannie ihn dazu verdonnerte; lachte nicht mehr, außer wenn Jeannie ihn in der hellen Kochnische zum Lachen brachte (und sie, die nichts zu hören schien, lachte dann auch, ein Hauch von konspirativem Lachen).

Leicht wie ein Vogel, der flatternde Körper, die kleinen Klauenhände, der vorspringende Schatten auf ihrem Gesicht und die sich plagende, gluckernde Kehle.

Er versuchte, nichts zu hören, so wie er versuchte, nicht auf das Gesicht zu schauen, in dem nur die Stirn vertraut blieb, aber während er mit ihr in der Falle saß in den langen Nächten in diesem kleinen Zimmer, drangen die Laute von selbst in sein Bewusstsein ein, markiert durch das Schlucken, Wimmern, Gurgeln der Sterbenden.

Selbst in Wirklichkeit (schluckt) *mangelt es dem Leben daran*

Sklavenschiff _____ *Todeszüge* _____ *Schlagstöcke* _____ *genuuug*

Die Glocke _____ *Einsatzbefehl, der ermöglicht*

78 000 in einer Minute (geflüsterter Schrei) *78 000 menschliche Wesen* _____ *werden wir uns selbst vernichten?*

»Ach, Mrs. Elend«, sagte er, als könnte sie ihn hören, »das ganze Leben nichts als arbeiten, und jetzt liegst du im Bett, Bedienstete, die sich kümmern, du brauchst nicht mal zu rufen, dass man sich um dich kümmert, und immer noch arbeitest du. So harte Arbeit ist es, zu sterben? So harte Arbeit?«

Der Körper zuckte wild auf, ihre Hand klammerte sich an seine. Eine Melodie, geisterhaft schwach, schwebte auf ihren Lippen, und wie ein schuldbewusster Geist das Bild von ihr, wie sie vorgebeugt dasaß und lauschte und die Schallplatte sofort zum Schweigen brachte, wenn er in der Nähe war. Jetzt ließ sie, ohne seine Anwesenheit zu beachten, die Melodie in einem fort schweben.

»Hast es vor mir geheim gehalten«, beschwerte er sich, »wie viele Male hast du die Melodie gehört, dass du dich so gut daran erinnerst?« Und er versuchte herauszufinden, wann sie diese zuerst gespielt oder zuerst damit begonnen hatte, ihre wenigen Platten anzuhalten, wenn er in die Nähe kam – konnte aber nichts rekonstruieren. Es gab nur dieses Zimmer mit dem hohen gebogenen Ständer und der Vielzahl von Geräuschen.

Niemand ein Mensch _____ außer durch andere
Stark _____ mit dem Noch-Nicht _____ in dem Jetzt
Dogma tot _____ Krieg tot _____ ein Land

»Hilft das, Mrs. Philosophin, diese Wörter aus Büchern? Hilft das?« Und es kam ihm so vor, als hätte sie siebzig Jahre lang ein unendlich kleines Tonbandgerät in ihrem Innern versteckt, das unendlich viele Meilen aufgespult hatte, um jedes Lied, jede Melodie, jedes gelesene, gehörte und gesprochene Wort zu speichern – und dass sie boshaft nur das wieder abspielte, was nichts über ihn, die Kinder, ihr gemeinsames vertrautes Leben sagte.

»Hast uns tatsächlich verlassen, Mrs. Schwätzerin«, warf er ihr vor, »du, die du andere Schwätzer genannt und schlau mit den eigenen Worten gegeizt hast. Ein Leben lang hast du dich gekümmert und geliebt, und jetzt nicht ein Wort über uns, für uns. Hast uns tatsächlich verlassen? Mich verlassen.«

Und er holte sein Patiencespiel heraus, mischte die Karten lautstark und klatschte sie hin.

Hebt hoch das Banner der Vernunft (Bruchstücke einer Rede) *Gerechtigkeit* _____ *Freiheit* _____ *Licht*

Menschheit _____ *Leben würdig* _____ *Fähigkeiten*

Sucht (leichtes Schaudern) *zugehören* _____ *menschliches Wesen*

»Wörter, Wörter«, klagte er an, »und welche menschlichen Wesen hast *du* um dich zu versammeln gesucht, Mrs. Leb-Allein, und welche Menschheit hast du für würdig gehalten?«

Doch während er noch sprach, fiel ihm ein, sie war nicht immer isoliert gewesen, hatte nicht immer allein sein wollen (wie er wusste, hatte es eine Stimme vor dieser hauchdünnen Stimme gegeben; vor der heiseren Stimme, die aus dem Schweigen brach, um Peitschenhiebe auszuteilen, Staub aufzuwirbeln, ihn zu beschämen – die wortgewandte Stimme eines Mädchens, das ihrer beider heiligste Träume aussprach). Aber wieder konnte er nichts rekonstruieren, sich nichts vorstellen von dem, was davor gewesen war, und wann oder wie es sich verändert hatte.

As, Dame, Bube. Der Schatten des Ständers fiel indes in zwei Bahnen; in der Tiefe des Spiegels glitzerte ein mondähnlicher Klecks, die leere Nährlösungsflasche. Und es arbeitete in ihm: *Vernunft und Gerechtigkeit und Freiheit …* *Dogma tot*: Er erinnerte sich an das vollständige Zitat, lachte bitter. »Ha, gut, dass du nicht weißt, was du sagst; der gute Victor Hugo ist gestorben und hat es nicht gesehen, sein zwanzigstes Jahrhundert.«

Zwei, Zehn, Fünf. Kühn begann sie ein Lied aus der Jugendzeit ihres Glaubens:

So wird es sein! Ein edleres Volk
Als die Welt jemals gekannt hat, wird erstehen,
Mit der Flamme der Freiheit im Herzen
Und der Erleuchtung des Wissens in seinem Blick

König, Vier, Bube. »Im zwanzigsten Jahrhundert, ha!«

Sie werden sanftmütig sein, tapfer und stark,
Nicht Blut zu vergießen, doch alles zu wagen …
Auf Erden, in Feuer, Wasser und Luft

»Kein Tropfen Blut vergießen, ha! So, Kadaver, und auch du, Kadaver Hugo, ›im zwanzigsten Jahrhundert wird Unwissenheit tot sein, Dogma wird tot sein, Krieg wird tot sein und für die ganze Menschheit ein Land – der Erfüllung?‹ Ha!«

Und jedwedes Leben (langer erstickender Husten)
wird ein Lied sein

Die Karten fielen ihm aus der Hand. Ohne Vorwarnung enthüllten sich ihm der schmerzliche Verlust und der Verrat, die er – über die Jahre hinweg – angehäuft und versteckt hatte, sogar ihm selbst verborgen,
spulten sich ab,
setzten sich frei,
sprangen auf
und damit die monströsen Konturen dessen, was sich in dem Jahrhundert tatsächlich ereignet hatte.
Wölfischer Hunger oder Durst ergriff ihn. Er tappte in die Kochnische, knipste alle drei Lichter an, häufte ein Tablett voll – »du hast deinen Nachtsnack schon hinter

dir, Mrs. Kadaver, jetzt esse ich meinen«. Und er war schockiert über die Tränen, die auf das Tablett tropften.

»Salzige Tränen. Gratis. Hab ich vergessen zu salzen?«

Flüsterte: »Verloren, wie viel hab ich verloren.«

Flüchtete zu den Enkelkindern, deren Kindheit Kindheit gewesen war, die nie gehungert hatten, die, von schweren Krankheiten verschont, in geheizten Häusern wohnten mit vielen Zimmern, alle denkbare Schulbildung bekamen, auf jeder Straße sich frei bewegen konnten und, einen Kopf größer als ihre Großeltern, sie überragten – schöne Haut, gerader Rücken, klarer, direkter Blick. »Ja, ihr in Wilschana«, sagte er zu der Stadt von vor sechzig Jahren, »sie wären für euch Adlige.«

Und war dies denn nicht der Traum, wahr geworden auf eine ungeahnte Weise?, fragte er.

Und gibt es keine anderen Kinder auf der Welt?, antwortete er, als spräche er mit ihrer harschen Stimme.

Und die Flamme der Freiheit, die Erleuchtung des Wissens?

Und kein Blut zu vergießen, keinen Tropfen Blut?

Und er überlegte, dass Jeannie um sechs aufstehen und er dran sein würde, in ihr Zimmer zu gehen, um zu schlafen, dass er auf den Summer drücken könnte und sie sofort kommen würde; dass am Nachmittag Ellen Mays vorbeikäme und sie diesmal Karten spielen und er sich wundern würde, wie zentimeterdickes Rouge auf ihrer Wange haften blieb; dass am Abend der Arzt käme und er ihn bitten könnte, barmherzig zu sein, die Nährlösung abzusetzen und sie sterben zu lassen.

Sie sterben zu lassen und mit ihr ihrer beider gemeinsame Jugend voller Glauben, aus dem ihre leuchtenden, verratenen Wörter schäumten; befleckte Wörter, die unbefleckt von ihren arbeitenden Lippen kamen.

Noch Stunden, bis Jeannie an der Reihe war. Er könnte den Summer drücken und sie wecken, damit sie gleich käme; er könnte eine Tablette schlucken und dann schlafen; er könnte mehr Brandy in sein Milchglas gießen, obwohl er an dem, was schon eingegossen war, nicht mal genippt hatte.

Stattdessen ging er zurück, prüfte ihren Puls, versorgte sie behutsam mit knotigen Fingern, wie Jeannie es ihm beigebracht hatte.

Sie wimmerte; ihre Hand kroch tastend nach der seinen über die Bettdecke. Mitleidsvoll umschloss er sie, und mit der freien Hand nahm er die Karten wieder auf. Noch immer hatte er wölfischen Hunger oder Durst.

Jene Welt ihrer Jugend – dunkel, unwissend, entsetzlich vor lauter Hass und Krankheit –, wie kam es, dass sie, inmitten von Korruption, Schmutz, Verrat, Entwürdigung lebend, nicht dem Menschen an sich oder sich selbst misstraut hatten; auf so schöne Weise geglaubt hatten, so … fälschlich?

»Aaah, Kinder«, sagte er laut, »und wie wir geglaubt, wie wir dazugehört haben.« Und er sehnte sich danach, für jedes seiner Kinder, Enkelkinder, für jeden, *diese freudige Gewissheit* zusammenzupacken, *dieses Gefühl der Bedeutung, von Bewegen und Bewegtwerden, von Einssein mit den Großen der Vergangenheit, mit allem, was den Menschen befreite, ihn adelte.* Pack es zusammen, stell dich an Straßenecken, vor Stadien und auf volle Strände, klopf an Türen, verteil es wie ein fabelhaftes Geschenk.

»Und warum nicht in Cornflakesschachteln, in Waschpulverpackungen?«, verspottete er sich selbst. »Ach. Du hast mich um den Verstand gebracht, Kadaver.«

Worte schäumten auf, erstarben, ohne erklungen zu

sein. Ihr Körper krümmte sich; ihr Mund formte Küsse. (Ihre Lippen bewegten sich, während sie las, versunken im Buch der Märtyrer, das Vergrößerungsglas über die dicken Brillengläser gesetzt.) *Glaubte sie immer noch?* »Eva!«, flüsterte er. »Hast du immer noch geglaubt? Hast du danach gelebt? ›So Wird Es Sein‹?«

»Ein Pfund Suppenfleisch«, antwortete sie deutlich, »einen Suppenknochen.«

»Meine Ohren haben dich gehört. Ellen Mays war Zeugin: ›Menschheit … man muss an sie glauben.‹« Flehentlich: »Eva!«

»Brot vom Vortag.« Sie murmelte. »Bitte, in einer Holzkiste … zum Anfeuern. Der Zwirn, ha, der Zwirn reißt. Billiger Zwirn« – und ein ungeheuer lautes Rasseln in ihrem Hals setzte ein.

»Ich bitte um Stein; sie gibt mir Brot – vom Vortag.« Er zog die Hand weg und rief: »Wer wollte denn Fragen? Musst du alles ausgraben?« Und dann matt: »Lass dir helfen, dich umzudrehen, armes Geschöpf.«

Worte prasselten wild durcheinander, ordneten sich. Mit einer Stimme wimmelnden Schreckens.

»Paul, Sammy, prügelt euch nicht. – Hannah, hab ich zehn Hände? – Wie kann ich es geben, Clara, wie kann ich es geben, wenn ich es nicht habe?«

»Du lügst«, sagte er bestimmt, »es gab auch Freude.« Bitter: »Ah, wie schäbig du am Ende über uns sprichst.«

Als wollte sie ihn zurechtweisen, als hätte ihre Stimme keine Beziehung zu ihrem herumfuchtelnden Körper, sang sie klar, ja schön ein Schullied, das die Kinder ihr beigebracht hatten, als sie klein waren; bat:

»Nicht hinschauen _____ mein Haar _____ wo sie es abgeschnitten haben …«

(Die Krone aus geflochtenen Zöpfen geschoren.) Und in diesem Augenblick verließ er die stumme alte Frau, die über dem Buch der Märtyrer brütete; ging an der Mutter vorbei, die, den Fuß auf dem Pedal der Nähmaschine, mit den Kindern sang; vorbei an dem Mädchen in der verknitterten Gefängniskleidung, das seine Haare mit vernarbten Händen versteckte, die verlegenen, beschämten Augen, flehend vor Liebe, zu ihm hochhob; und nahm sie in die Arme, Liebstes, Vertrautes, Fleischiges, mit all der heftigen Leidenschaft, die in ihr zu entfachen er geliebt hatte.

»Eva!«

Ihre kleine Klauenhand schlug auf die Bettdecke. Wie viel, wie viel kann ein Mensch aushalten? Er hob die Karten hoch, legte sie hin, machte einen Bogen um die Betten, ging zur Kommode, öffnete, schloss Schubladen, bürstete sich das Haar, fuhr mit der Hand Stück für Stück über den Spiegel, um zu sehen, was von dem Spiegelbild er mit jeder einzelnen Bewegung auslöschen konnte, und hatte das Gefühl, er müsse jeden Augenblick an dem Unerträglichen sterben. Wollte auf den Summer drücken, um Jeannie zu wecken, sah auf den Boden und entdeckte auf Jeannies Skizzenblock das Krankenhausbett mit *ihr*, das Doppelbett daneben mit ihm; den hohen Ständer, der ihre Venen mit Nährlösung versorgte, und ihre Hände, seine und ihre verschränkt, einer den anderen versorgend. Und als hätte man ihn angewiesen, ging er zu seinem Bett und legte sich hin, die Skizze haltend (als könnte sie ihn vor den monströsen Konturen von Verlust, Verrat, Tod bewahren), und mit seiner freien Hand nahm er ihre zurück in die seine.

Und so fand Jeannie sie am Morgen.

An diesem letzten Tag war die Agonie endlos. Immer wieder hob es sie fast vom Bett, so dass sie beide kämpfen mussten, sie niederzuhalten. Er konnte es nicht aushalten und verließ das Zimmer; weinte, als würden die Tränen nie ausreichen.

Jeannie kam, um ihn zu trösten. Mit ihrer hellen Stimme sagte sie: Grandaddy, ach Grandaddy, weine nicht. Sie ist nicht hier, sie hat es mir versprochen. Am letzten Tag, hat sie gesagt, ginge sie dahin zurück, wo sie das erste Mal Musik gehört hat, ein kleines Mädchen auf der Straße des Dorfes, in dem sie geboren ist. Sie hat es mir versprochen. Es ist eine Hochzeit, und sie tanzen, während die Flöten so freudig und lebhaft in der Luft vibrieren. Lass sie dort, Grandaddy, es ist gut. Sie hat es mir versprochen. Komm zurück, komm zurück und hilf ihrem armen Körper zu sterben.

Für zwei aus dieser Generation

Seevya und Genya

(Genya Gorelick, Rednerin in der Russischen Revolution von 1905)

Unendlich, unerschrocken, unbestechlich

Der Tod vertieft das Staunen

Anhang

Textverweise

S. 58 *Einst war ich* – Zitat aus: »Amazing Grace«.

S. 73 *Geheul – vom Anstand niedergehalten* – Zitat aus: Walt Whitman, »Gesang von mir selbst« (»Song of Myself«).

S. 120 *Wozu dann dieses schadenfrohe Lachen, mein Lieber?* – Zitat aus: Anton Tschechow, Krankenzimmer Nr. 6, in: Weiberwirtschaft. Meistererzählungen. Gesammelte Werke in Einzelbänden. Hrsg. von Gerhard Dick und Wolf Düwel, aus dem Russischen übersetzt von Ada Knipper und Gerhard Dick. Rütten & Loening, Berlin 1966, S. 185.

S. 120 *Auf Schmerz antworte ich ... aber nicht verachten* – Zitat aus: Ebd., S. 160 f.

S. 122 *Man braucht nicht ... die Leute zu kränken* – Zitat aus: Anton Tschechow, Rothschilds Geige, in: Weiberwirtschaft, a. a. O., S. 403.

S. 122 *Als menschliches Wesen ... Verantwortung* – Zitat aus einem Brief von Tillie Olsens Mutter Ida Lerner: »As a human being who carries responsibility for action, I think as a duty to the community we must try to understand each other.«

S. 126 *Dogma tot ... Krieg tot ... ein Land* – Vgl. Victor Hugo: »Au XXe siècle, la guerre sera morte, l'échafaud sera mort, la haine sera morte, les dogmes seront morts: l'homme vivra!« (Zitat aus dem Roman »L'homme qui rit« /»Der lachende Mann«).

S. 128 *So wird es sein! ... Sie werden sanftmütig sein ... Und jedwedes Leben* – Hymne »These Things Shall Be« von John Addington Symonds (1840–1893).

»Wie kann ich jetzt Honig sein?«
Nachwort

»Dünnschiss des Mundes, gibt's dort einen Arzt, der dich stumm machen kann?« – So grob und spitz zugleich erwidert Eva, die Protagonistin von »Erzähl mir ein Rätsel«, ihrem Mann David, als der sie mit vielen Worten dazu bringen möchte, dass sie gegen ihren entschiedenen Willen mit ihm ins Altersheim umzieht. Sie spricht im Tonfall ihrer russisch-jüdischen Herkunft, mit Lust an drastischer Bildlichkeit und Direktheit. Die beiden miteinander alt gewordenen Eheleute, aufgerieben in einem von ständiger Armut, Kampf um Arbeit und dem Aufziehen von sieben Kindern geprägten Leben, sind in einen meist stummen Streit verheddert, der sie hilflos leiden lässt. Evas Sarkasmus, dem er mit »Schmeicheln, Argumentieren, Drängeleien« zu begegnen sucht, ist Ausdruck ihrer Abscheu gegenüber allem Zuviel an Worten und ihrer Ungeduld, ohne Umschweife auf das zu kommen, worum es in Wahrheit geht. Diesen Drang zu Lakonie und Direktheit hat die eigensinnige alte Frau mit ihrer Autorin Tillie Olsen gemeinsam.

Deren Lebensgang war von einer nie nachlassenden Energie geprägt, die stets in zwei Richtungen zielte: Handeln und Schreiben – politisch und sozial engagiertes

Handeln und ebenso entschiedenes Schreiben. Sieht man den kräftigen, markanten Kopf mit dem unbändig aufflammenden Haar noch der Siebzigjährigen, fällt es nicht schwer, sich die junge Tillie als unersättliche Leserin und rasch Aufbegehrende vorzustellen, die die Schule noch vor dem Abschluss verlässt und mit gerade mal achtzehn Jahren gegen den Willen der Eltern den sehr viel älteren Abraham Jevons Goldfarb heiratet, einen kommunistischen Aktivisten. Sozialistische und »humanistische« Grundüberzeugungen (wie die jede Gewalt ablehnenden Sozialisten des jüdischen »Bundes« es damals nannten) hat sie von ihren russisch-jüdischen Eltern Ida Goldberg (andere Quellen: Beber) und Samuel Lerner aufgenommen, die nach ihrer Beteiligung an der gescheiterten russischen Revolution von 1905 emigrieren mussten.

Geboren wird Tillie Olsen am 14. Januar 1912 (oder 1913, die Geburtsurkunde ging verloren) in Omaha, Nebraska, als zweites von sechs Kindern, in einem Haushalt, in dem Mangel die Regel ist. Mit siebzehn wird sie Mitglied der Young Communist League, arbeitet in allen möglichen schlecht bezahlten Jobs und engagiert sich während der Großen Depression in der politisch brisanten Gewerkschaftsarbeit. Als sie einen Arbeiterstreik mitorganisiert, wird sie festgenommen und wochenlang ins Gefängnis gesteckt. Paradoxerweise ebnet ihr das den Weg zum Schreiben, denn weil sie wegen einer Lungenentzündung, die sie sich in Fabrik und Gefängnis zugezogen hat, einige Zeit lang krankgeschrieben ist, kann sie einen Roman beginnen, in dem sie – in literarisch zugespitzter Form – über die Lebens- und Arbeitswirklichkeit der vermeintlich glänzenden zwanziger Jahre schreibt. Fragment geblieben, wird der Roman mit dem Titel *Yonnondio* erst vierzig Jahre später erscheinen. Und ihr erstes Buch, *Tell Me a Riddle*, mit den hier vorliegenden vier Erzählungen kommt 1961 heraus, als sie schon fast fünfzig ist.

Auf welche Hindernisse eine Schriftstellerin stößt – wie auch alle Schreibenden aus sozial benachteiligtem Milieu –, hat sie in ihrer fulminanten und dichtgedrängten Schrift *Silences* (dt. *Was fehlt*) dargelegt. Darin greift sie explizit auf eigene Erfahrungen zurück, doch ein Bedürfnis, ihre eigene ereignisreiche Lebensgeschichte literarisch auszubreiten, hat Tillie Olsen nicht verspürt, und so soll hier nur in der von ihr bevorzugten Kürze skizziert werden, worauf sie selbst hingewiesen hat.

Etwa, dass Kinder aufzuziehen und dazu den Lebensunterhalt mit irgendwelchen Jobs zu verdienen eine eigene Realität darstellt, von der diejenigen wenig ahnen, die in gesicherten Verhältnissen leben. Vier Kinder hat Tillie Olsen aufgezogen, die 1932 geborene (nach Karl Marx benannte) Karla und, nachdem sie von ihrem ersten Mann früh getrennt lebte, drei weitere Töchter (Julie, Kathie, Laurie) zusammen mit ihrem zweiten Mann, Jack Olsen, den sie während des Generalstreiks 1934 kennenlernte und mit dem sie bis zu seinem Tod zusammenlebte. Die Wirklichkeit von Kindergroßziehen, Haushaltbewältigen, Geldverdienen in der Literatur außer Acht zu lassen wäre in ihren Augen müßig und verlogen. In *Was fehlt* schreibt sie trocken: »Es ist kein Zufall, dass das erste Werk, bei dem ich an eine Veröffentlichung dachte, so begann: ›Ich steh hier und bügle, und was Sie von mir hören wollen, gleitet gequält mit dem Bügeleisen hin und her.‹«

Ebenso entschieden hat sie festgehalten, dass sie selbst zeitlebens Solidarität erfahren hat; zum einen schon früh bei der persönlich riskanten Gewerkschaftsarbeit und in der Streikbewegung, später in der vergifteten Atmosphäre der McCarthy-Ära, als ihr Mann als *commie* denunziert wurde und jede Arbeitsmöglichkeit verlor. Zum anderen als Schreibende, die von ihrer Herkunft keinerlei gesellschaftliche Voraussetzungen für einen geschmeidigen schriftstellerischen Werdegang mitbrachte. Die anspruchsvollen, politisch links eingestellten Zeitschriften *New Republic* und *Partisan Review* aber brachten Gedichte und Reportagen der jungen Aktivistin, was 1935 zu der Einladung zum Writers Congress in New York führte. Auch später erfuhr sie für ihr Leben als Schriftstellerin entscheidende Solidarität, zum Beispiel als die Lyrikerin Anne Sexton ihr von dem Schreibstipendium am Radcliffe Institute erzählte.

Sie selbst, so berichten diejenigen, die sie näher gekannt haben, hat sich unermüdlich eingesetzt für Menschen und Organisationen, die Unterstützung brauchten. Dabei war sie oft selbst Initiatorin von damals neu anzustoßenden Bewegungen.

So half sie 1970, die Feminist Press der City University of New York ins Leben zu rufen – was sie nicht hinderte, sich der späteren Vereinnahmung als feministische Autorin zu entziehen. Ihr literarisches Schreiben sollte nicht einer Sache ›dienen‹, es blieb autonom, war etwas, was »danach verlangte, geschrieben zu werden«.

Ein dritter Punkt in ihrem Leben, auf den es ihr ankam, waren die Notwendigkeit und die Beglückung, Erfahrungen weiterzugeben; in unterschiedlichem Rahmen konnte sie an der Stanford University, dem Massachusetts Institute of Technology und der University of Massachusetts Vorträge halten, Kurse geben, unterrichten. Wie hoch sie das Weitergeben von Wissen und Erfahrungen geschätzt hat, zeigt die ungewöhnliche Widmung für Margaret Heaton am Ende von »O ja«: »die immer gelehrt hat«.

Leicht vorstellbar, wie viel Energie und Durchhaltekraft es in den vierziger, fünfziger und auch noch den frühen sechziger Jahren in den USA bedurfte, gegen massive Widerstände entschieden linke und emanzipatorische Überzeugungen zu leben. Nicht verwunderlich daher, dass Tillie Olsen lange Zeit vor allem als progressive Autorin aus sozial benachteiligtem Milieu und als Kämpferin für die Rechte von Frauen gesehen wurde. Heute entdecken wir sie als originäre Schriftstellerin, die keiner literarischen Schule oder Strömung zuzuordnen ist.

Wenn das Werk schmal ist, das Tillie Olsen in ihrem langen tätigen Leben hinterlassen hat, liegt das nicht allein an den vielen Hindernissen, die einer berufstätigen und kindererziehenden Autorin im Weg liegen, sondern vor allem an ihrem schriftstellerischen Temperament, das auf Dichte, Konzentration, Intensität drängt. In den vier zusammengehörigen Geschichten des hier vorliegenden Bandes, der ihr literarisches Hauptwerk ist, hat sie die Grunderfahrungen ihres eigenen Lebens zum Sprechen gebracht – und zugleich den Umkreis einer ganzen Lebenswelt umrissen: Mutterschaft und Erziehung, politisches und gewerkschaftliches Engagement, Geschlechterverhältnis und Ehe, Herkunft und Chancenverteilung, Unterdrückung und Diskriminierung. Aber wie wenig liegt ihr daran, ausführlich Umstände zu schildern, Zusammenhänge erklärend zu beschreiben! Immer geht sie direkt hinein in die Geschichte, dorthin, wo es wehtut. In »Ich steh hier und bügle« reißt gleich der erste Satz die seelische Wunde der zu uns sprechenden Mutter auf;

in »O ja« benennt der erste Satz – »Sie sind die einzigen Weißen hier in der Kirche der Schwarzen« –, was als nicht ›mit etwas gutem Willen‹ zu lösender Konflikt zwischen den Menschen schwelt; und zu Beginn von »Erzähl mir ein Rätsel« genügen ihr ein kurzer Satz als Eröffnung und das Bild der »störrischen, knorrigen Wurzeln des Streitens«, um die Dimension der tiefgründigen Herkunfts- und Ehegeschichte anzuzeigen.

Verdichtung, das poetische Energie erzeugende Zusammenrücken von widersprüchlichen Bruchstücken inneren und äußeren Erlebens, ist ein Kennzeichen ihrer Prosa – ein literarisches Verfahren (oder vielmehr ein literarisches Temperament), das in seiner unausgemalten Bildlichkeit und in seinem ganz eigenen Rhythmus an die Dichtung von Emily Dickinson erinnert. Das mag zunächst verwundern, da es Tillie Olsen in ihren Erzählungen so entschieden auf das realistische Erfassen der die Figuren bestimmenden Lebenswirklichkeit anlegt, sei es die der alleinerziehenden Mutter, die des durch Alkohol und geänderte wirtschaftspolitische Verhältnisse aus der Bahn geworfenen Seemanns und Gewerkschafters, die der in verschiedene Welten auseinander »sortierten« Freundinnen aus weißer und schwarzer Familie, die des alten Ehepaars russisch-jüdischer Herkunft. Fast nicht zu merken ist beim ersten Lesen, wie sie dabei das Private, Persönliche der Figuren mit dem Öffentlichen, Gesellschaftlichen verquickt; immer ist das, woran die einzelnen Figuren leiden – womit sie kämpfen –, vor dem genauen Hintergrund der Gesellschaft zu sehen, in der sie leben.

Wenn es in allen vier Geschichten um etwas geht, was die Protagonisten aufgrund ihrer Lebensumstände quält, so will die Autorin doch keine Mitleidsstory präsentie-

ren, nicht Empörung über soziale Ungerechtigkeit aus-
lösen, kein pauschales Mitleid mit den ›Benachteiligten
und Unterdrückten‹. Das flammende Wort des politischen
und sozialen Engagements ist der Rednerin Tillie Olsen
wohlvertraut, aber als Schriftstellerin will sie Konkre-
tion, Bestimmtheit, das leise treffende Wort. Sie möchte
nicht, dass man *über* den Figuren und ihrem Gefangen-
sein in ihrer jeweiligen Lebenswirklichkeit steht, sondern
verlagert durch die Art ihres äußerst verdichteten Schrei-
bens den Blick nach innen. Die gesellschaftlich sehr realen Konflikte der Figuren werden vor allem in deren Innerem ausgetragen und verhandelt. In der ersten Geschichte
geschieht das als ein innerer Monolog oder vielmehr als
Gewissenserforschung und Gespräch der Figur mit sich
selbst. In den folgenden erweitert und radikalisiert Tillie
Olsen ihre Mittel, rückt mehrere Stimmen zueinander, gegeneinander. Aus innerer Rede, direkter Rede, Zitat, Dia-
logfetzen, kursiv gesetzten Passagen einer schwebenden
Erzählstimme entsteht, dicht gedrängt, ein Bild, wie aus
dem Innern der Figuren gesehen. Salopp gesagt: Olsen
nimmt, um ihr Ziel eindringlichen Vergegenwärtigens zu
erreichen, was sie an sprachlichen Mitteln kriegen, was sie
gebrauchen kann für den Rhythmus des Erzählens. Dazu
lehnt sie, die nach eigenem Bekunden die großen Autorin-
nen und Autoren der Vergangenheit und der Gegenwart
begierig studiert hat, sich an keine gegebene literarische
Tradition an.

Ihr genaues Ohr für Sprechtöne und Sprachrhythmen
der unterschiedlichsten Art ist immer wieder, vor allem
von Schriftstellern, bewundert worden. Von Kindheit an
hat sie sich Sprechweisen gemerkt, hat Wendungen no-
tiert. Mit einem Henry-James-Zitat hat sie von sich selbst

gesagt: »being one on whom nothing is lost – einer der Menschen zu sein, denen nichts entgeht«.

Wie ihre Figuren sprechen – die bügelnde, grübelnde Mutter; der nicht allein vom Alkohol verwüstete Seemann auf der Suche nach dem alten »guten Gefühl«; die Mutter des weißen Mädchens und die Mutter des schwarzen Mädchens; die alte Frau, die im ukrainischen Wilschana mit seinen »runden strohgedeckten Häusern« aufgewachsen ist –, das lässt sie, die nie in ihrem Äußeren beschrieben werden, als Individuen vor uns treten. Und so kann es auch nicht überraschen, dass alle vier Titel ihrer Erzählungen (»Ich steh hier und bügle«, »He, Seemann, wohin die Fahrt?«, »O ja«, »Erzähl mir ein Rätsel«) *Äußerungen* sind, Formen des Sprechens.

So sprunghaft, widersprüchlich es im Menschen zugeht, so wenig lässt sich Olsen von einer äußerlich geradlinigen Erzähldramaturgie leiten. Sie liebt, achtet das Marginalisierte, gibt – bei aller Knappheit – dem Ungehörigen, Ungelösten Raum, schenkt ihren Figuren keine erlösende Einsicht in die eigene Blindheit. Da möchte man die Figuren manchmal rütteln und ›auf den richtigen Weg bringen‹, wenn zum Beispiel Carol in ihrer tiefen Verstörung beim Gospelgottesdienst die Mutter ihrer schwarzen Freundin brüskiert (S. 62) oder wenn Jeannie den hilflosen Whitey demütigen zu müssen glaubt.

Zu dem nicht um Lesebehaglichkeit bemühten Schreiben Tillie Olsens gehört, dass sie manchmal in zwei aufeinanderfolgenden Sätzen den Fokus von einer Figur zur anderen verschiebt, ohne dass sie dies eigens anzeigt. Ebenso kann sie innerhalb einer Passage, ja innerhalb eines Satzes das Tempus wechseln, vom Präteritum zum Präsens oder umgekehrt (z. B. S. 114). Tillie Olsen erwartet eine Wachheit, ein Mitgehen ihrer Leserschaft, weil sie ihren Figuren selbst so nahe ist. Ihre Radikalität der Form entspringt wohl dem erwähnten Drang, keine unnützen Worte zu verlieren. Ebenso unwirsch wie gegenüber herkömmlichen Erwartungen ›realistischen‹ Erzählens ist ihr Umgang mit dem Druckbild: Da finden sich, wenn sie in verschiedene Bewusstseinsschichten ihrer Figuren vorstößt, mehrfach eingerückte Passagen wie Räume, die hintereinander betreten werden. Und doch hat man als Leser den Eindruck, dass sie überhaupt kein Aufheben macht von der eigenen Radikalität – ein erstaunliches Stück Literatur.

Als das alte Ehepaar Eva und David, in das Auseinanderstreben ihrer Bedürfnisse verstrickt, mit der beide verstörenden Erkrankung der Frau konfrontiert wird, zeigt Tillie Olsen sie – fast scheu – in einer der intimsten Szenen der Erzählung: Eva singt, *haucht* »ein russisches Liebeslied von vor fünfzig Jahren« (S. 88). Kurze Zeit darauf lästert David vor anderen über ihr galliges Wesen, und Olsen setzt ihre Reaktion und unverblümte Einsicht in Klammern: »(Essig hat er sein Leben lang über mich geträufelt; ich bin gut mariniert; wie kann ich jetzt Honig sein?)«

»Wie kann ich jetzt Honig sein?« Vielleicht ist dieser – wie man sagen könnte – Realismus der Gefühle, worin scheinbar unvereinbare, aber im Menschen wirksame Regungen ohne sentimentale Verwischung aufeinandertreffen, der Kern ihrer Autorschaft. Mit ihm erzeugt sie die starke Anteilnahme, die kein Ausweichen erlaubt, weil Verstrickung und Gegenläufigkeit von Gefühlen so sehr unsere eigene Grundverfassung sind.

Oft tritt das *Andere* der Empfindung oder der Erfahrung im Nebenbei, in den Lücken, im Schweigen auf. Allerschmerzlichstes rückt Tillie Olsen in Parenthese, zum Beispiel als das in eine konventionelle Unterhaltungssituation gedrängte Paar dasitzt und David fortfährt, »Einzelheit auf Einzelheit – der alte gewohnheitsmäßige Verrat – ihre Eigenarten auszubreiten, damit die Gesellschaft was zu lachen hatte« (S. 110). Der »alte gewohnheitsmäßige Verrat«, das trifft in seiner Lakonie den Leser wie ein Pfeil. Die manchmal sarkastische, manchmal unmittelbar berührende Bildhaftigkeit und Prägnanz solcher Stellen erhält ihre Wucht daraus, dass es um widersprüchliche Gefühle und Gedanken geht, die ihren Trägern selbst wehtun.

Denselben Realismus der Gefühle zeigt Olsen, wenn die beiden alten Eheleute sich gegenseitig böse Spottwörter an den Kopf werfen (das Gegeneinander von »Mrs. Mundfaul« und »Dünnschiss des Mundes«) – liegt doch darin auch eine Art Zärtlichkeit oder Intimität, eben weil sie sich gegenseitig so erfindungsreich und persönlich benennen. So sind auch die Sätze, die sie übereinander denken, aber nicht laut sagen, kein »Wer hat Angst vor Virginia Woolf«, sondern eine Art gemeinsamer Bewusstseinsstrom einer langen Ehe.

Die Härte im Erfassen unschöner Züge an Figuren, die die Autorin uns doch ans Herz legt, wäre wohl schwer zu ertragen, wenn sie nicht – ebenso im Nebenbei – das gegenteilige Gefühl tiefer Verbundenheit aufrufen würde. Als sich Carol nach der für sie traumatischen Erfahrung des Gospelgottesdienstes von ihrer schwarzen Freundin Parry verabschiedet, wiederholt sie einfach nur deren letzten Satz: »Oder sonst irgendwas. Parry.« (S. 61)

Tillie Olsen hat nach der Veröffentlichung von *Tell Me a Riddle (Ich steh hier und bügle)* nur noch einen kleineren literarischen Text geschrieben, »Requa 1«, und sich ganz dem Unterrichten, dem Weitergeben von Erfahrungen und dem aktiven politischen, sozialen Engagement gewidmet. Dahinter steckt aber, wie aus Zeugnissen ihrer weiteren Lebensjahrzehnte erhellt, keine Resignation, keine Schreibblockade. Vielleicht hat sie selbst empfunden, dass die vier Erzählungen bereits so etwas wie das Kondensat eines Romans sind, in dem sie das ihr Wesentliche hat ausdrücken können. Darin erscheinen, ohne dass dies eigens erwähnt wird, drei Generationen einer Familie. Es ist die trotzig aus ihrer Familie wegstrebende Jeannie aus »He, Seemann«, die in der letzten Erzählung, sichtlich verändert, eine solche Lebensbahn, wie sie ein Roman erzählen kann, hinter sich hat. Den Weg, den sie von ihrer Teenagerbissigkeit bis zur Fürsorge für die sterbende Eva zurückgelegt hat, muss – und kann – man sich selbst vorstellen.

Am Ende des vorletzten Kapitels von »Erzähl mir ein Rätsel« heißt es: »Und mit den Augen eine Antwort suchend – in dem hilflosen Mitleid und in der Angst um sie (um *sie*), die sein Gesicht verzerrten –, verstand sie die letzten Monate und wusste, dass sie am Sterben war.« In *seinem* Gesicht liest sie, wie es um sie steht, und mit diesem Satz, der die stärkste Empfindung in die schlichteste Verbform presst, geht Tillie Olsen zu dem letzten Kapitel ihrer Erzählung über, die mit dem ›letztendlichen‹ Wort »sterben« enden zu lassen sie sich nicht scheut. Sie kann das, denn sie hat dem ja eine kleine Szene ehelicher Innigkeit vorausgeschickt, die den Leser schwerlich unberührt lässt.

Als die bereits todkranke Eva in dem Pensionszimmer in einem billigeren Bezirk von Los Angeles liegt und Bilder und, stärker noch, Worte, Wörter des gelebten Lebens bruchstückhaft durch ihren Sinn ziehen, tritt ihr das »zusammengeschrumpfte« Leben ihrer ehemaligen Freundin und Nachbarin vor Augen, und ihr Mann hört sie, die »Mrs. Rednerin-ohne-Atem«, mühsam hervorstoßen: »Einen Balzac – einen Tschechow braucht es, der das beschreibt – «.

Darüber, wie Leben wahrhaftig zu ›beschreiben‹ wäre, nämlich literarisch zu erfassen, hat Tillie Olsen ausgiebig nachgedacht, und sie selbst hat die ihr gemäße, herausfordernd radikale Form gewählt. Dass ihre Erzählungen bis heute so stark wirken können, hat auch mit einer schriftstellerischen Haltung zu tun, die sie in *Was fehlt* ganz nebenbei als »die entscheidende literarische Frage« formuliert: »Ist das wahr? Ist das alles?« – Da ist sie wieder, die schockierende Einfachheit und Direktheit der alten Eva, die noch ihre Liebe zu dem bewunderten Schriftsteller Tschechow an der gegenwärtigen und sie bestimmenden Wirklichkeit reibt: Als David ihr den Seniorenlesezirkel des Altenstifts schmackhaft machen will, quittiert sie das in Gedanken mit »Ach ja, Tschechow!«.

Jürgen Dormagen, Juli 2022

S. 141 *Schrift Silences (dt. Was fehlt)* – Tillie Olsen, *Was fehlt. Unterdrückte Stimmen in der Literatur.* Aus dem Amerikanischen von Nina Frey und Hans-Christian Oeser. Aufbau Verlag, 2022.

S. 141 *ihre eigene ereignisreiche Lebensgeschichte* – Eine ausführliche Darstellung von Leben und Werk findet sich in *Tell Me a Riddle*, hrsg. von Deborah Silverton Rosenfeldt, Rutgers University Press, 1995.

S. 141 *»Es ist kein Zufall … mit dem Bügeleisen hin und her.‹«* – Tillie Olsen, *Was fehlt*, a. a. O., S. 51.

S. 142 *von ihrer Herkunft keinerlei gesellschaftliche Voraussetzungen … mitbrachte* – In *Was fehlt* sagt sie unmissverständlich: »für jemanden wie mich, die einer langen Ahnenreihe analphabetischer Frauen entstammt« (a. a. O., S. 58).

S. 142 *unermüdlich eingesetzt für Menschen und Organisationen* – In einer biografischen Skizze schreiben die Töchter Laurie Olsen und Julie Olsen Edwards, dass ihre Mutter lebenslang eine vertraute Erscheinung gewesen sei bei Streikpostenketten und Demonstrationen. Mit vollem Einsatz habe sie sich engagiert, dass Parks und Spielplätze errichtet werden, sei verantwortlich tätig gewesen in der Organisation von Kindertagesstätten und Eltern-Lehrer-Ausschüssen. Gekämpft habe sie für bessere Arbeitsbedingungen, für ein starkes öffentliches Schulsystem und ein öffentliches Bibliothekswesen und sei immer wieder eingetreten für Frauenrechte, gegen Apartheid und Rassismus und für Naturschutz und die Bewahrung der Erde. Vgl. Laurie Olsen und Julie Olsen Edwards, »Biographical Sketch«, in: Tillie Olsen, *Tell Me a Riddle*, a. a. O., S. 160.

S. 142 *»danach verlangte, geschrieben zu werden«* – Tillie Olsen, *Was fehlt*, a. a. O., S. 52.

S. 146 *»einer der Menschen zu sein, denen nichts entgeht«* – Ebd., S. 32.

S. 149 *drei Generationen einer Familie* – Da Tillie Olsen die Verwandtschaftsverhältnisse nicht ausdrücklich nennt, seien hier die Namen aus den drei Generationen aufgeführt: die russisch-jüdischen Einwanderer Eva und David; deren bereits ›amerikanische‹ Kinder Len, Hannah, Vivi, Paul, Sammy, Clara, Davy (im Krieg gefallen); schließlich Lens und Helens Kinder Jeannie, Carol, Annie.

S. 149 *»Und mit den Augen eine Antwort suchend … dass sie am Sterben war.«* – Siehe in diesem Band, S. 115.

S. 150 *»Einen Balzac – einen Tschechow braucht es, der das beschreibt – «* – Siehe in diesem Band, S. 114.

S. 150 *»die entscheidende literarische Frage«* … *»Ist das wahr? Ist das alles?«* – Tillie Olsen, *Was fehlt*, a. a. O., S. 298.

»Unverzichtbar
für alle, die verstehen
wollen, unter welchen
Umständen Kunst
entsteht oder ver-
hindert wird.«
MARGARET ATWOOD

tillie
olsen

Was fehlt

Unterdrückte
Stimmen in der
Literatur

aufbau

Wenn ich jetzt kurz von meinem eigenen Schweigen spreche – nach allem, was bisher gesagt wurde, geradezu vermessen –, dann deshalb, weil individuelle Erfahrung bestimmte Aspekte hinzufügen kann.

In den zwanzig Jahren, als ich meine Kinder zur Welt brachte und aufzog, zumeist auch noch einer bezahlten Arbeit nachgehen musste, existierten nicht einmal die einfachsten Voraussetzungen für literarisches Schaffen. Dennoch war das Schreiben, war die Hoffnung auf das Schreiben die »Luft, in der ich atme, solange ich atmen soll«.[1] Dank dieser Hoffnung gab es ein bewusstes Abspeichern, gab es erhaschte Lektüre, Ansätze zum Schreiben und stets »jene zahllosen geheimen und feinen Wurzeln eines Bezugssystems [...], das die Schöpfungen mit Blut und Leben erfüllt«.[2]

Als das jüngste unserer vier Kinder in die Schule kam, neigten sich die Anfänge dem Ende zu. Es war eine Zeit, wie Kafka sie geschildert hat: »Wie ein Eichhörnchen im Käfig. Glückseligkeit der Bewegung, Verzweiflung der Enge, Verrücktheit der Ausdauer, Elend-Gefühl vor der Ruhe des Außerhalb.«[3]

Glückseligkeit der Bewegung. Ein ausgedehntes Familienleben, meine Arbeitswelt (Transkriptorin in einer Firma für Molkereiausstattung) und das Schreiben, das ich auf irgendeine Weise bei der Arbeit und im Haus mit mir herumtragen konnte. Die Zeit, die ich im Bus verbrachte, selbst wenn ich stehen musste, reichte dafür; die gestohlenen Momente auf der Arbeit reichten; die tiefen Nachtstunden, solange ich mich wach halten konnte, wenn die Kinder im Bett, die Aufgaben im Haus erledigt waren, mitunter auch während der Hausarbeit. Es ist kein Zufall, dass das erste Werk, bei dem ich an eine Veröffentlichung dachte, so begann: »Ich steh hier und bügle, und was Sie von mir hören wollen, gleitet gequält mit dem Bügeleisen hin und her.«[4]

Was ich in jenen Jahren schrieb, schrieb ich in solchen Augenblicken; dann aber kam eine Zeit, da dieses dreifache Leben nicht länger durchzuhalten war. Die fünfzehn Stunden täglicher Notwendigkeiten waren eine zu große Ablenkung, um noch schreiben zu können. Ich verlor die Verrücktheit, die die Ausdauer verlangte. Was hätte sein können – ich weiß es nicht; ich bewarb mich um ein Stipendium, das mir acht Monate Zeit zum Schreiben verschaffte, und erhielt es auch. Noch immer ein volles Familienleben, all die Haushaltspflichten, aber ich brauchte keinen Achtstundenjob mehr anzunehmen. Es gab Kontinuität, drei volle Tage, manchmal mehr – und in jenen Monaten gelang mir die mysteriöse Wende: Ich wurde zu einer Schriftstellerin, die schrieb!

Dann musste ich wieder zurück in die Welt der Arbeit, fremdbestimmter Arbeit, neun Stunden am Tag, fünf Tage die Woche.

Es war eine Zeit des Schwärens und der Überlastung. Einige Monate lang konnte ich schreiben, wovon ich so erfüllt war, konnte es vor den Anforderungen ebenjener Arbeitstätigkeiten schützen, bei denen ich Kompetenz beweisen musste, durch die Freuden, Pflichten und Widrigkeiten des Familienlebens hindurch. Einige Monate lang. Stets wachgerüttelt vom Schreiben, stets davon abgehalten. »Ich konnte es nicht niederschreiben. Es verkampfte sich und starb in mir. Ich werde dafür bezahlen müssen.«

Mein Werk starb. Was danach verlangte, geschrieben zu werden, wurde nicht geschrieben. Es schäumte, brodelte, tobte, Figuren beherrschten mich. Schließlich verlagerte es sich in die Stunden, die zum Schlafen gedacht waren. Inzwischen arbeitete ich ganztags als Aushilfe, als Kelly- bzw. Western-Agency-Mädchen (Mädchen!),[5] wanderte von Büro zu Büro, immer in der Hoffnung, zwei, drei Monate zum Schreiben vor mir zu haben. Schließlich fand ich die Zeit dafür.

Ich sagte: stets wachgerüttelt vom Schreiben, stets davon abgehalten. Nun musste ich wie eine frigide gemachte Frau lernen, darauf zu reagieren, dieser Möglichkeit der Befruchtung, die es vorher nicht gegeben hatte, auch wirklich zu trauen. Jede Störung machte mich benommen und ließ mich verstummen. Ich brauchte lange, um mich dem zu überlassen, was ich zu schreiben versuchte, Henry James' Leidenschaft, Frömmigkeit, Geduld[6] heraufzubeschwören, bevor ich in der Lage war, mich wieder dem Werk zu widmen.

Als ich das Schreiben erneut aufgeben musste, verlor ich das Bewusstsein. Eine Zeit der Betäubung. Zwar hörte eine Art automatisches Notieren nicht auf, doch es war, als hätte das Schreiben selbst nie stattgefunden. Kein Fieber, keine Überlastung, kein Schwären. Ich hörte auf, von Figuren beherrscht zu werden, konnte gut und traumlos schlafen, nahm eine »feste« Stelle an. Die wenigen Texte, die veröffentlicht worden waren, schienen sich ebenso verflüchtigt zu haben wie jene, die ich noch gar nicht verfasst hatte. Ich schrieb an jemanden (schickte den Brief aber nicht ab): »So lange haben sie einander genährt – mein Leben und das Schreiben, das Schreiben oder die Hoffnung darauf und mein Leben –, doch jetzt beginnen sie mich zu zerstören.« Ich wusste es, konnte die Zerstörung aber nicht *fühlen*.

Ein Ford-Literaturstipendium, für das andere mich nominiert hatten und das mir zugesprochen wurde, kam fast zu spät. Zeit, die einem zugebilligt wird, fällt nicht unbedingt mit der Zeit zusammen, die voll genutzt werden kann, so wie die überlastete Zeit der Fülle genutzt worden wäre. Immerhin waren es zwei Jahre.

»Ertrinken ist nicht so erbärmlich / Wie auftauchen zu wollen«,[7] schreibt Emily Dickinson. Ich stimme ihr nicht zu, aber ich weiß, wovon sie spricht. Lange Zeit war ich jene ausgezehrte Überlebende, die zitternd am Strand liegt und nicht aufstehen und loslaufen kann. Anders ausgedrückt, auf jenem verwüsteten Boden gelang mir nur das schwächste, dürftigste Wachstum. Unkraut, das wie Unkraut verbrannt oder als Kompost verwendet werden musste. Als ich die Gewohnheit des Schaffens endlich wiedererlangt hatte, ging ein Buch an den Verlag, und ich wagte es, mit meiner derzeitigen Arbeit zu beginnen. Sie wurde mein Zentrum, darauf eingraviert: »Böse ist, was ablenkt.«[8] (Inzwischen hatten sich die Gestehungskosten für mein Familienleben, meine Teilhabe am Leben als Mensch bemerkbar gemacht.) Ich werde nicht von dem »Restvermögen« dessen reden, was mir »verpachtet, überlassen und übertragen wurde«, als ich das Werk mitten im Fluss abermals im Stich lassen musste, um zum Herrn über die Zeit zurückzukehren, dem Geschäfts- und Juristenjargon. Dieses schädlichste Schweigen liegt hinter mir, doch noch bin ich nicht wieder gesundet; vielleicht werde auch ich nach nur *einem* Buch verstummen.

Wie immer es darum bestellt sein mag, wir leben mehr und mehr in einer Zeit des verborgenen Schweigens und des Schweigens im Vorfeld, wir Frauen *und* Männer. Mehr von uns, denen ein volles Leben als Schreibende verwehrt ist, werden versuchen, »durch die Nacht« (jene Nacht der halben Zeit, des halben Ichs) »den himmlischen Funken zu nähren«, doch mir scheint, als müssten sie zuallererst »in Flammen Flammen zeugen«[9] und danach über die notwendige Zeit verfügen wie über genug eigenes Ich, über die unversehrte Fähigkeit zur Wiederaufnahme der furchtbaren Aufgabe. Daran möchte ich glauben – hinsichtlich dessen, was sich noch nicht in die Literatur eingeschrieben hat. Freilich kann es nicht wettmachen, was durch unnatürliches Schweigen bereits verloren gegangen ist.

1 Franz Kafka: *Tagebücher 1910–1923*, a. a. O., S. 409.

2 Cesare Pavese: *Das Handwerk des Lebens. Tagebuch 1935–1950*. Übers. v. Maja Pflug. Frankfurt a. M.: Fischer Taschenbuch Verlag, 1990. S. 268.

3 Franz Kafka: *Oktavheft G* (18. Oktober 1917 – Ende Januar 1918). In: Ders.: *Schriften, Tagebücher, Briefe. Kritische Ausgabe*. Bd. 12. Hrsg. v. Jost Schillemeit. Frankfurt a. M.: S. Fischer, 1992. S. 30.

4 Tillie Olsen: *Ich steh hier und bügle*. In: Dies.: *Ich steh hier und bügle. Storys*. Übers. v. Adelheid u. Jürgen Dormagen. Berlin: Aufbau, 2022. S. 7.

5 Kelly Services und Western Agency, amerikanische Personaldienstleister.

6 Henry James: *Literary Criticism. French Writers, Other European Writers, The Prefaces to the New York Edition*. New York, NY: The Library of America, 1984. S. 105: »passionate piety [...] prodigious patience«.

7 Emily Dickinson: *Ertrinken ist nicht so erbärmlich*. In: Dies.: *Sämtliche Gedichte*. Zweisprachig. Hrsg. u. übers. v. Gunhild Kübler. München: Hanser, 2015. S. 1157.

8 Franz Kafka: *Oktavheft G*, a. a. O., S. 48.

9 Herman Melville: *Camoens I (vorher)*. In: Ders.: *Der Rosenzüchter und andere Gedichte*, a. a. O., S. 39.